KB273368

울림이 있는
공부는
절대 배신하지 않는다

울림이 있는 공부는 절대 배신하지 않는다

초판 1쇄 인쇄 2016년 2월 20일
초판 2쇄 발행 2016년 3월 17일

지은이 전미숙
펴낸이 채규선

기 획 출판기획전문 (주)엔터스코리아
편 집 천진환
디자인 최남식 김소영
마케팅 신광렬

펴낸곳 세종미디어(등록번호 제2012-000134, 등록일자 2012.08.02)
주 소 경기도 고양시 덕양구 화정동 1141
전 화 070-4115-8860
팩 스 031-978-2692
이메일 sejongph8@daum.net

값 13,800원   ISBN 978-89-94485-28-7 (13370)

ⓒ2016, 전미숙 · 세종미디어

이 도서의 국립중앙도서관 출판예정도서목록(CIP)은 서지정보유통지원시스템 홈페이지
(http://seoji.go.kr)와 국가자료공동목록시스템(http://www.nl.go.kr/kolisnet)에서 이용하실 수
있습니다.(CIP제어번호: CIP2016003069)

울림이 있는 공부는 절대 배신하지 않는다

| 전미숙 지음 |

세종
MEDIA

자라나는 아이들에게 따뜻한 코치 역할을 하는 것은 우리 어른들이 할 수 있는 세상 어떤 일보다 귀중하고 의미 있는 일이 아닐까 한다. 아이의 마음 속에서 잠재력의 씨앗을 발견하고, 자존감과 힘을 이끌어내어 이를 발휘하도록 돕기 때문이다.

이 책은 뭔가 잘해보고 싶은 동기가 별로 없어 보이는 아이들, 그래서 부모와 선생님을 좌절하게 하거나 쉽게 포기하게 만드는 아이들을 어떻게 코칭으로 세웠는지를 생생한 사례로 말해준다. 하나 하나의 스토리와 대화를 따라 읽다 보면 머리 속에 한 편의 코칭 드라마가 펼쳐지는 것 같다. 그만큼 공감이 가고 감동적이다.

이런 드라마 같은 사례가 가능했던 것은 저자 전미숙의 사람에 대한 애정이 뜨겁기 때문이다. 그 열정과 함께, 코칭 전문가로서 숙련된 역량을 갖추었기에 아이들을 주체로 세우는 좋은 질문과 인정, 세심하고 중립적인 관찰이 더해져서 빚어낸 결과다. 저자의 배움에 대한 진지한 자세와 겸손함, 사람을 사랑하는 열정은 항상 나를 포함한 주위 사람들을 감동시켜 왔고, 또 긍정 에너지로 감염시켜 왔다.

종종 아이들을 잘 키우고 싶은 강한 욕구가 부모의 자기중심적인 틀에서 뿜어져 나올 때 오히려 아이의 성장이나 부모-자녀 관계에 해가 되는 것을 본다. 어떻게 생각하고 어떻게 행동해야 그런 욕구와 희망이 진정으로 아이들을 성장시킬 수 있는지, 그 과정에서 부모로서 함께 성장하면서 충만감을 맛 볼 수 있는지, 이 책에서 많은 부모들이 느끼길 바란다.

이 책은 아이들과 오늘도 씨름하고 있는 많은 선생님들에게도 큰 울림과 영감을 줄 것이다. 세상의 부모와 선생님들에게 이 책을 권한다.

고현숙 국민대학교 경영대 교수

나란 여자,
코칭하는 여자

"우리 아이가 원래 공부도 잘하고 착한데, 요즘 왜 이런지 모르겠어요. 성적은 점점 떨어지고 안 하던 말대답도 하고."

내 앞에 앉아 있는 엄마의 한숨소리가 그리 낯설지 않다. 나를 찾아오는 엄마들의 대부분이 아이의 성적을 올리는 것을 목적으로 하기 때문이다. 전교 1등이나 1등급을 목표로 하는 최상위권 아이들도 나를 찾아오지만, 대부분은 'In 서울'을 목표로 내게 손을 내민다. 그러면 나는 성적이 바닥을 치는 아이라고 해도 그 안의 가능성을 알기에 기꺼이 그 손을 잡아준다.

'우리 아이는 원래 똑똑하고 착한 아이'라는 엄마들의 말처럼 세상의 빛을 본 아이들은 예외 없이 아름답고, 총명하며, 소중하다. 단지 제 안의 울림을 듣지 못하거나 무엇을 향해 가야 할지 잘 몰라 걸음을 떼지 못할 뿐이다. 나는 아이들의 잠재된 가능성을 함께 찾아주고, 그것이 세상으로 나와 마음껏 발현될 수 있도록 돕는다. 그것이 나의 일이고 나의 기쁨이다.

알뜰살뜰 아끼며 살림만 하던 내가 코칭전문가라는 타이틀을 가지게 된 과정은 그리 순탄치만은 않았다. 결혼을 한 뒤 8년 만에 아들을 얻었다. 눈에 넣어도 아프지 않을 내 자식이 태어난 행복의 여운은 생각만큼 길지 않았다. 동생에게 큰돈을 빌려준 것이 탈이 나는 바람에 경제적으로 어려움을 겪게 되었고, 엎친 데 덮친 격으로 남편마저 몸이 아팠다. 부업이나 해볼까 하는 여유로운 마음은 내게 사치였다. 가족들의 생계를 책임진다는 비장함과 절박함으로 집을 나서야 했다.

당시 나는 한겨울에도 돈이 아까워 난방을 꺼놓고 지냈고, 아이에게 삼겹살조차 제대로 먹여주지 못하는 죄 많은 엄마였다. 조금이라도 더 돈을 벌 요량으로 인수한 컴퓨터 학원은, 소개 당시의 말과는 달리 시원치가 않았다. 강사 경험조차 없이 덜컥 인수한 학원은 또 다시 우리 가족에게 재앙을 가져다 준 애물단지가 되고 만 것이었다.

주저앉아 울 여유조차 없었던 나는 다시 이를 악물고 학원 일에 전념했다. 생활비는 커녕 학원 임대료와 관리비까지 밀린 상황이라 짧은 푸념의 시간조차 아까웠다. 주위에서 일에 미친 사람이라는 이야기까지 들을 만큼 뛰고 또 뛰었다.

"아니, 그 학원은 무슨 상을 또 탔대요? 이러다가 지역 학원 다 쓸어버리겠네!"

일 중독자라는 수군거림을 뒤로 하고 학원에 매달린 덕분인지 학원을 인수한지 6개월 만에 전국대회에서 상이란 상은 다 휩쓸었다. 덕분에 학원은 부천 전역으로 소문이 났고, 소문을 듣고 찾아오는 아이들도 나날이 늘었다. 열심히 한 만큼 성과도 나오니 저절로 신이 났다. 그런데 어느 날 학원 아이들의 얼굴을 보니 그늘이 잔뜩 드리워져 있었다.

"너 얼굴이 왜 그래? 무슨 고민이 있니?"

"흑흑. 쌤. 저 대학에 가지 않을래요."

몇몇 아이들이 느닷없이 대학을 가지 않겠다며, 펑펑 울었다. 알고 보니 아이들이 공부를 못한다는 이유로 친구들이나 주위 사람들로부터 무시를 당하고 욕까지 먹는다는 것이었다. 아이들의 눈물을 보고, 나의 고질적인 '욱병'이 도지고 말았다.

나는 욱하는 성격이 있다. 그래서 나 스스로 '욱녀'라고 부르기도 한다. 그렇다고 해서 곧잘 화를 낸다는 것은 아니다. 뭔가 해야 한다는 동기부여가 주어지면 욱하는 성질처럼 저돌적으로 밀어붙이는 스타일에 빗대어 하는 말이다. 욱녀인 내가 쉽게 아물지 않을 생채기를 가슴에 안고 있는 아이들의 모습을 보니 또 한 번 욱할 수밖에 …. 게다가 전교 1등을 하고도 학비가 없어 대학 진학을 미뤄야 했던 내 과거까지 떠오르자, 나는 욱하는 마음을 억누를 수가 없었다.

"누가 감히 너희들을 무시해! 내가 대학 보내줄게!"

선뜻 아이들을 책임지겠다는 말을 내뱉은 나는, 그 때부터 컴퓨터 학원 원장이 아니라 입시 코치가 되었다. 그리고 내신 5~6등급의 아이들 모두를 세종대, 숭실대, 명지대, 서울여대 등에 진학시켰다. 아이들과 함께 웃고 울던 그 시간 동안 나는, 세상 모든 아이들은 아름다운 꽃송이를 품고 태어난다는 것을 알게 되었다.

이 후 나는 아이들의 잠재능력을 찾고 개발하여 그들의 꿈과 연결시켜 주는 코칭 일을 하게 되었다. 그 결과 지금은 입학사정관으로 99%의 합격 성과를 올리고 있다.

아이들을 코칭하는 것은 의외로 재미있었다. 나는 의욕이 없어 무엇을 할지조차 모르던 아이에게 코칭을 통해 함께 길을 찾아주고, 그 길을 열심히 갈 수 있는 힘을 이끌어 내준다. 그러면 아이는 성큼성큼 걸음을 내딛어 차근차근 자신의 목표를 이루어간다. 심지어 대학 진학 불가능이라는 끔찍한 선고를 받은 아이들도 결국엔 대학 합격이라는 놀라운 선물을 내게 내민다. 이런 변화와 성과가 여전히 신기하고 감사하기만 하다.

소문을 듣고 찾아온 엄마들의 대부분이 내가 족집게 과외라도 하는 듯 오해와 기대를 한다. 하지만 나는 족집게 과외는 커녕 공부를 가르치는 것 자체를 일절 하지 않는다. 공부는 스스로 하는 것이기에, 나는 아이들이 공부할 수 있는 동기를 부여해 주고 힘을 길러주는 일에 주력한다. 나는 엄마들과 아이들에게 이 부분을 충분히 설명하는 것으로 대화를 시작한다.

나의 학창 시절을 되돌아보아도 내가 열심히 공부하고 열정적으로 달릴 수 있도록 해준 것은 선생님들의 학습적인 가르침이 아니었다. 나를 믿고 응원해 주셨던 부모님, 나를 격려하고 칭찬을 아끼지 않으셨던 선생님들의 정신적인 가르침이 내게 동기부여가 되었고 힘이 되었었다.

"청소년 시기에 무엇을 보고, 누구를 만나고, 어떤 환경에 있었느냐에 따라 40세의 모습이 결정된다."

대학원에 진학하여 리더십 코칭 강의를 들을 때 교수님께서 해주신 이 말씀은, 내게 강한 사명감을 심어주었다. 나는 아이들에게 자신의 내면을 들여다보며 길을 찾아갈 수 있도록 도와주는 사람이 되고 싶고, 그러기 위해 지금도 노력하고 있다.

되돌아보면 나의 40세의 모습 역시 청소년 시기에 내가 만나고 보고 겪어왔던 많은 것들로부터 비롯된 듯하다.

"어떻게 나는 이토록 열심히 달릴 수 있었을까?"

문득 나 자신을 돌아보며 질문을 한다. 그리고 그 질문에 대한 답을 나의 어린 시절로부터 찾는다. 넉넉하지 못한 환경에서도 아버지는 내게 아낌없는 사랑을 주셨다. 자정이 넘은 시각에도 내게 뭐가 먹고 싶은지를 물으셨고, 나를 위해 피곤함도 잊으시고 동네 유명 빵집까지 한달음에 다녀오셨다.

뿐만 아니다. 아버지는 늘 "미숙아, 넌 할 수 있어. 너 자신을 믿어"라고 하시며 내게 무한한 지지를 표현해 주셨고, 나는 그런 아버지의 믿음과 지지에 보답하기 위해 뭐든 최선을 다해 열심히 했다. 아버지를 통해 나는 '소중한 존재'이고 '사랑받는 존재'임을 느끼며 무한한 자존감을 형성하였었다.

고등학교 시절엔 선생님들의 응원도 큰 힘이 되었다. 그분들은 결과와 상관없이 과정에서의 내 노력을 믿어 주시고 응원해주셨다. 덕분에 나는 노력하면 무엇이든지 할 수 있다는 강한 자신감을 갖게 되었다.

아이들을 도와주고 싶다는 마음에 욱해서 시작한 코칭은, 이제 책임감과 감사하는 마음으로 받아들인 내 삶의 업業이 되었다. 업, 즉 먹고 살기 위해 하는 생계 활동을 넘어 내 존재 가치와 삶의 의미를 가져다주는 나의 일은 '코칭'이다. 어린 시절의 경험과 환경, 만남은 일생을 좌우할 수 있는 중요한 일인 만큼, 나는 더 많은 아이들이 자신의 길을 찾고 그 길을 힘껏 달려갈 수 있도록 도와주는 사람이고 싶다.

마음으로,
또 한 번 마음으로

코칭은 물가에 데려가서 물을 직접 떠먹이는 것이 아니다. 지금 물을 마시고 싶은지, 또 마시고 싶다면 어떻게 해야 하는지를 스스로 느끼게 하고 안내해 줄 뿐이다. 내가 하는 코칭 방법은 아이의 '잠재역량을 찾아 스토리텔링으로 동기부여를 해주는 것'이다. 그런데 이 과정에서 많은 사람들이 '동기부여'를 무조건 공부와만 연결시키려고 한다. 하지만 요즘같은 불확실성의 시대에선 공부만이 정답이 될 수는 없다. 학창 시절에 공부를 잘했던 우등생만이 사회에 나와 성공을 하고 행복한 삶을 사는 것은 아니기 때문이다.

나는 코칭을 통해 단순한 성적 향상만을 기대하지는 않는다. 성적을 올리는 것은 코칭의 과정에서 자연스레 드러나는 결과 중 하나일 뿐이지, 궁극적인 목적은 '스스로 문제를 인식하고 스스로 문제를 해결할 수 있는 인재'로 키우는 데 있다. 학창 시절엔 공부가 전부인 듯 보이지만 취업이나 사업 등 사회활동을 하다보면, 그에 따른 또 다른 목표나 문제가 생기기 마련이다. 어떤 상황에서든지 문제는 생기고, 그것을 해결하면 또 다른 문제가 생긴다. 학창 시절부터 코칭을 통해 자기주도적 능력을 키워둔 아이들은 스스로 피드백을 할 줄 알고, 개선할 부분과 대안을 찾으며 한 걸음씩 나아가게 된다. 이것이 아이들에게 '전교 1등'이 아닌 '끝까지 해낼 수 있는 힘', 즉 인내와 판단력, 재도전하는 용기를 길러줘야 하는 이유이다.

그렇다면 어떻게 동기부여를 할 것인가? 바로 '경험'이다. 아주 작고 사소한 것이라도 좋다. 작은 성공경험이 결국엔 더 큰 것에 도전하고, 그것을 성취해내는 강력한 힘으로 작용하게 된다. 요즘 아이들은 부모 세대와는 달리 상대적으로 풍족한 환경에 있기 때문에 무언가를 얻기 위해 죽을 만큼 애쓰거나 노력하지를 않는다. 풍족함이 아이들을 유약하게 만든 탓에 도전을 두려워하고, 도전하더라도 끝까지 최선을 다하려고 하지 않는다. 죽을 힘을 다해 내달릴 필요를 느끼지 못하기 때문이다.

아이들을 달리게 하는 힘은 경험에서 나온다. 작은 것이라도 경험을 하면, 아이는 그 속에서 "어, 정말 되네! 한 번 더 해볼까? 조금만 더 열심히 해볼까?"하고 스스로 성취감을 느끼고 도전의식이 생기면서 자존감이 향상되고 자신감이 생기게 된다.

작은 성공 경험을 통해 충분히 동기부여가 된 아이에게는 이제, 자신이 마음먹은 바를 꾸준히 실행할 수 있는 실행력을 길러줘야 한다. 기적은 하루아침에 일어나는 것이 아니라, 꾸준히 지속적으로 행동했을 때 일어

나는 것이다.

　TV나 신문, 인터넷 등을 통해 '눈 뜨고 나니 내가 유명해졌대요.'라는 기사를 접하면, 아이들은 자신에게도 이런 기적이 일어나기를 소망한다. 하지만 그들 중 누구도 하루아침에 기적처럼 유명해진 사람은 없다. 그들이 걸어온 길을 찬찬히 살펴보면 꿈에 대한 명확성, 신념, 확신, 추진력, 인내, 미래를 꿈꾸는 상상력, 끊임없는 도전 등 분명 그들만의 남다른 노력들이 곳곳에 배어있다. 그리고 무엇보다도 그들은 작은 기쁨과 힘듦에 일희일비하지 않고, 꾸준히 지속적으로 노력을 해왔다. 힘이 들 때 잠시 쉬어가기는 했지만, 그 어떤 경우에도 멈추지 않고 지속적으로 행동해왔다. 자신이 정해 놓은 목표를 향해 지속적으로 행동하는 것이 바로 기적을 만드는 힘인 것이다.

➤ 마음과 마음의 대화를 나눈다

아이들이 자기주도적으로 삶을 리드할 수 있도록 돕기 위해서는 무엇보다도 그 아이의 진짜 모습을 파악해야 한다. 오랫동안 아이들을 살펴보다 보니, 아이들은 저마다의 고유한 색깔을 가지고 있다는 것을 알게 되었다. 하지만 겉으로 표출되는 모습은 대체로 비슷하다. 자신이 좋아하는 일을 잘 하고 싶고, 무리에서 리더가 되고 싶고, 주위 사람들과 잘 어울리고 싶고, 도전을 하고 싶고, 심지어 잘난 척하고 싶은 마음마저 모두가 비슷하다. 그 비슷함 속에서 내 아이만의 차이를 찾아내는 것이 엄마가 할 일이다. 그리고 그 과정에서 엄마는 철저히 조력자의 역할에만 충실해야 한다.

　　　울림이 있는 공부는 절대 배신하지 않는다

자칫 마음이 앞서서 아이를 이리저리 휘두르고 조종하는 주도자가 되어서는 안 된다.

아이의 잠재역량을 찾아내어, 동기부여를 통해 이를 꿈으로까지 연결시키기 위해서는 관찰과 마음 열기, 질문과 의도 말해주기, 본질과 세상이야기 들려주기, 스스로 목표를 설정하게 하기 등과 같은 일련의 과정이 필요하다.

관찰하면서 잠재역량을 찾는다

관찰은 잠재역량을 찾기 위한 첫 관문으로, 아이가 평소에 표현하고 행동하는 모습에서 강점과 약점을 찾아내야 한다. 그리고 왜 이런 강점과 약점을 가졌는지를 생각해 보아야 한다. 원인을 찾으면 아이의 환경에 대해 좀 더 잘 알 수 있을 뿐만 아니라, 강점과 약점으로 표현된 잠재역량을 키울 수 있는 배경을 만들어줄 수도 있다.

마음 열기를 시작한다

마음 열기는 아이가 자신의 내면에 담긴 욕구를 스스로 드러내도록 하는 과정이다. 아이는 스스로에 대해 잘 모른다. 그래서 부모는 그동안의 관찰을 통해 파악한 것을 가지고 마음의 대화를 나누어야 한다. 이 때, 아이와 충분히 친해진 상태에서 아이가 받아들일 수 있는 마음의 상태를 만들어 주고, 스스로 납득할 수 있도록 하는 것이 중요하다. 어설픈 관찰로 "넌 이런 것을 하고 싶어 하는 것 같다."고 하거나, 아이가 흥미를 느끼지 못할 때 마음 열기를 시도하면 안 된다. 그러므로 타이밍을 중요하게 생각해야 한다.

아이와 친해지고 마음을 열 수 있는 타이밍을 찾았을 때는 코칭 대화를 통해 하나씩 해결하면 된다. 이 때 주변 환경, 즉 친구나 학원, 학교 선생님 등의 도움을 받는 것도 좋다. 무조건 부모가 모든 것을 다하겠다고 생각하지 말고, 아이가 친밀감을 가지고 있는 사람들을 통해 코칭 대화를 시도하는 것이다.

➤ 코칭 시 수시로 질문을 한다

코칭을 할 때, 이래라 저래라 하는 식의 대화는 피해야 한다. 정답을 말해주는 것보다 질문을 던지는 게 낫다. 질문을 통해 아이의 현재 상태를 좀 더 정확하게 파악할 수가 있고, 아이가 무엇을 원하는지도 알아낼 수 있다. 때로는 직설적인 질문도 좋다. "원하는 게 무엇이니?", "어떤 어려움이 있어?" 등과 같은 직설적인 질문과 대답을 통해 현재의 상태를 알아내는 것이다. 그러나 이런 직설적인 질문은 반드시 마음 열기가 이루어진 후에 시도해야 한다. 아이의 마음이 열리지 않았거나 엄마와 친근감을 느끼기도 전에 "원하는 게 무엇이니?"와 같은 직설적인 질문을 던지면, 자칫 공격적으로 느껴 마음을 닫을 위험이 있다.

➤ 의도를 말해 준다

'의도를 말해 준다'는 것은 앞의 과정을 통해 아이가 가질 수 있는 궁금증을 풀어주는 것이다. 코치, 즉 엄마가 왜 이런 질문을 하는지에 대해 숨은 의

도와 마음을 알려 준다. 이 때는 능숙한 말솜씨가 중요한 것이 아니다. 엄마의 마음이 아이에게 진정성 있게 전달되도록 하는 것이, 이 단계의 가장 중요한 포인트이다.

본질을 깨닫게 해 준다

'본질을 깨닫게 해 준다'는 것은 엄마의 의도를 알려 주면서, 왜 이런 과정을 거쳐야 되는지를 깨닫게 하여 주는 것이다. 부모가 얼마나 자신을 사랑하는지, 자신이 얼마나 소중한 존재인지, 소중한 자신을 위해 시간을 아껴 써야 한다는 등의 코칭의 본질을 아이의 눈높이에 맞춰 인지시켜 주어야 한다. 또 아이가 자신의 존재에 대해 본질적인 각성을 할 수 있도록 도와주어야 한다. 예를 들어 욕심과 자신의 한계 사이에 놓인 아이에 대해 '인정할 것은 인정하자'는 식의 대화도 필요하다는 것이다. 공부가 어려운 게 맞다, 삶도 마찬가지다, 세상에 쉬운 게 없다 등 현실에 대한 자각을 일깨워 주어야 한다.

세상 이야기를 들려준다

세상 이야기를 들려주는 이유는 이러한 본질과 현실에 대한 자각을 체념으로 받아들이지 않도록 하기 위한 것이다. 삶의 기준을 잡을 수 있는 지표를 만들게 하고, 끊임없는 동기부여를 시작하는 과정이다. 코칭을 하는 엄마의 성장 과정이나 꿈을 이루는 모습을 보여주고, 현재 겪는 어려움과 앞으로의 각오, 도전 등을 말해 주며 공감대를 형성하는 시간이 필요하다.

☞ 스스로 공부 목표를 세우도록 한다

마지막으로 이러한 코칭을 통해 아이가 스스로 목표를 세우도록 한다. 공부를 예로 든다면, 아이가 "제가 이렇게 공부하면 되지요?"라고 스스로 말할 수 있도록 하는 것이다. 이제 아이는 코칭을 통해 자기주도의 개념을 자연스레 이해하고 실천하는 것이다. 자기주도란, 외부의 환경이나 어떤 요소에 의존하지 않고 자기 스스로 잠재력을 이끌어내는 것을 말한다. 그러므로 자기주도 학습이란 학습자가 스스로 학습의 참여와 목표 설정 등을 하고, 학습 커리큘럼도 스스로 만들어 평가까지 할 수 있는 과정을 말한다.

자신의 의사에 따라 선택과 결정을 하는 자기주도 학습은 자신의 삶에도 적용할 수 있다. 아이 자신이 코치가 되어 스스로 삶의 목표를 세우고 계획과 실행을 주도하는 자기주도 코칭을 하는 것이다. 목표를 달성하기 위한 끊임없는 동기부여와 자기성찰을 통한 어려움의 극복 등을 본인이 주체가 되어 하는 것이다. 공부뿐만 아니라 다양한 경험을 통해 자신이 원하는 목표에 이르는 길을 찾고, 뚜벅뚜벅 걸어가는 여정을 기꺼이 반기는 삶의 주체가 되는 것이 자기주도 코칭의 핵심이다.

배울 욕망을 갖도록 격려하지 않고
학생들을 가르치려고 시도하는 스승은
다 식은 철을 두드리는 사람이다.

_ 호레이스 만 _

1부

어떤 그림을 그려볼까?

동기부여와 물꼬트기를 하기 위한
가상의 그림을 그려주고 자극하다

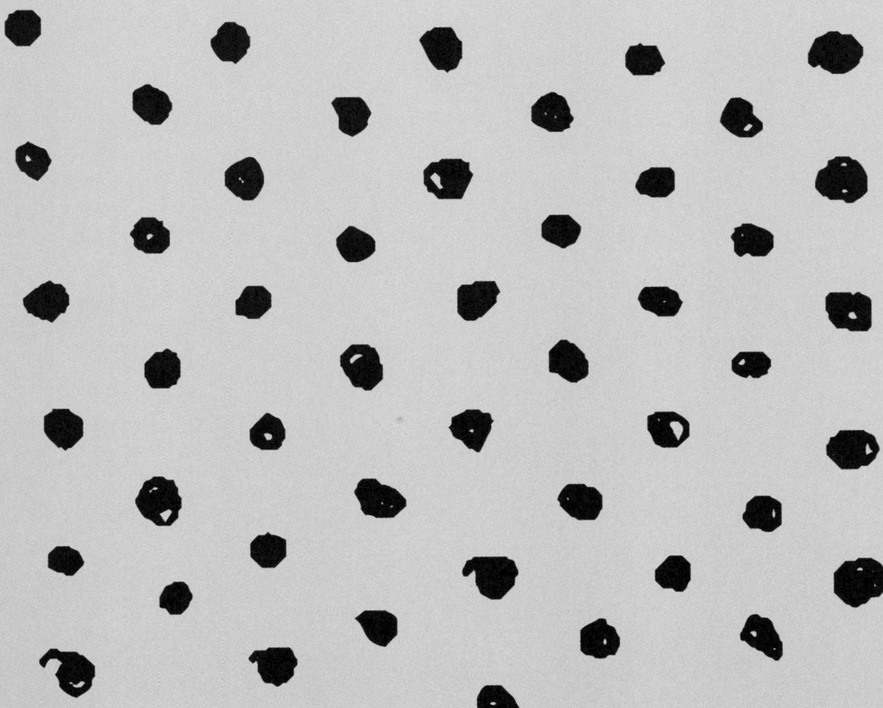

열심히 하면
정말 꿈이
이루어지나요?

하고 싶은 것도,
되고 싶은 것도 없는 무기력한 아이

"내 아이가 자신이 하고 싶은 일을 하면서 행복하게 살았으면 좋겠어요."

어디로 튈지 모르는 어린 아이들이 TV화면을 가득 채우며 울고 웃는
다. 이종격투기 선수인 아빠와 어린 딸, 유명 연예인 아빠와 사내아이들의
일상을 지켜보며 사람들은 흐뭇한 미소를 짓는다. 방송이 나간 이후 이종
격투기 선수인 추성훈의 딸 추사랑은 사랑과 행복의 아이콘으로 떠오르며
'추블리'라는 사랑스런 별명까지 얻었다.

추성훈은 사랑이가 태어나서 너무나 고맙다고 했다. 추사랑이 태어난
것에 100점 만점을 준 그는, 오로지 아이가 건강하고 행복하게 자신이 하

고 싶은 일을 하면서 살기를 바랄 것이다.

세상 모든 부모의 마음은 똑같다. 돈을 많이 벌고 출세를 하는 것보다 더 중요한 것이 내 아이의 건강과 행복이다. 그리고 이를 위해 우선되어야 할 것은, 뭐니뭐니 해도 내 아이의 꿈을 찾아주는 일임도 잘 안다. 꿈을 향해 달려가는 과정에서, 그리고 그 꿈을 마침내 이룸으로써 내 아이가 행복해하는 것을 확인해야 부모는 비로소 안도의 한숨을 내쉴 수 있다.

물론 더러는 아이의 재능이나 바람과는 상관없이 남들이 선호하는 직업을 가지기를 바라는 부모도 있다. 하지만 곰곰이 생각해보면 남들보다 더 높은 곳에 오르고, 남들보다 더 많은 돈을 가지는 것보다 중요한 것이 내 아이의 평온함과 행복감임을 알기에 부모는 기꺼이 아이의 손을 들어준다.

꿈을 찾고 그것을 이루기 위해 차근차근 나아가는 아이의 모습을 지켜보면 밥을 먹지 않아도 배가 부를 만큼 대견하고 감사하다. 이런 간절한 바람과는 달리, 아이들은 꿈을 찾는 과정에서 헤매기도 해서 부모의 애를 태우기도 한다. 예컨대 현실과는 다소 동떨어진, 그야말로 황당한 꿈을 꾸는 경우이다. 성적은 바닥을 치면서도 의사가 되겠다, 변호사가 되겠다는 다소 야무진 꿈을 품고 사는 아이가 있는가 하면, 누가 봐도 몸치인 아이가 댄서의 꿈을 품고 살아가기도 한다. 꿈과 현실의 간극만큼이나 엄마와 아빠의 안쓰러움도 자꾸만 커진다.

이처럼 자신의 재능이나 능력과 상관없이 그저 막연한 동경과 희망만으로 꿈과 목표를 설정하는 아이를 보면 한숨이 절로 나올 수밖에 없다. 하지만 이것은 어쩌면 행복한 고민일지도 모른다. 하고 싶은 것도 되고 싶은 것도 없는 아이보다는 무언가를 열망하는 쪽이 훨씬 희망적이기 때문이다. 그런 열망의 에너지를 품은 아이는 어느 순간 방향을 틀어 자신에게 꼭 맞는 꿈을 발견하여 더 힘껏 달려가기 때문이다. 마치 무한동력기처럼 스스로 발전을 하는 것이다.

내가 코칭을 담당해본 여러 아이들 중 가장 부모를 좌절시키는 유형은, 이런 무모하고 황당한 꿈조차 없는 아이다. 되고 싶은 것도 하고 싶은 것도 없는, 그야말로 꿈도 목표도 없는 무기력한 경우이다. 땡볕 더위에 축 늘어진 잡초마냥 아무런 기력도 희망도 없어 보이는 아이를 바라보는 것만큼이나 괴로운 일이 또 있을까!

내가 경기도 시흥시의 매화고등학교에서 자기주도 학습강의를 할 때 만난 민수는, 어쩌면 부모인 우리를 가장 좌절시키는 유형에 속하는 아이였다. 고등학교 1학년 남학생인 민수의 첫인상은 무기력 그 자체였다. 아니나 다를까! 몇 회의 강의가 이어지도록 그 아이는 내 이야기가 마치 둥둥 떠다니는 먼지인 양 표정이나 태도에 변화가 전혀 일지 않았다. 단지 선생님이 강의를 들으라고 하니 마지못해 끌려나온 망아지마냥 의자에 가만히 앉아 있기만 했다. 나를 찾는 활동, 다중지능 활동은 물론이고, 자신의 꿈을 발표하는 시간조차도 그 아이는 무관심하고 무기력한 모습을 보였다.

꿈이요? 그냥 회사원이요

대부분의 아이들은 다소 엉뚱하고 황당할지라도 무엇이 되고 싶다, 어떤 사람이 되고 싶다는 꿈 하나쯤은 가지고 살기 마련이다. 실제로 그 활동에 참여한 다른 학생들은 유머러스하게, 또는 멋지게, 또는 진지하게 자신의 꿈을 발표했다. 하지만 유독 민수만은 세상을 초탈한 무념무상의 모습을 보이면서 자신의 이야기를 하지 않는 것은 물론이고, 다른 친구들의 이야기에도 전혀 관심을 보이지 않았다.

안타까운 마음에 나는 아예 민수를 지목해서 꿈을 물었다. 그러자 그 아이는 심드렁한 표정으로 "꿈이요? 그냥 회사원이요."라는 짧고 무뚝뚝하게 대답을 했다. 그리곤 다시 침묵의 상태로 돌아갔다. 침묵하는 아이에겐 다시 질문을 던져 말문을 트도록 유도하는 것이 중요하다. 물론 부드럽고 따뜻하게 하되, 아이가 부담을 느끼지 않을 적당한 수준의 질문을 해야 한다.

"그냥 말고 어떤 회사? 회사도 여러 종류잖아. 어떤 회사원이 되고 싶어? 그 회사에서 하고 싶은 일은?"

"그냥 회사원이요. 취직해서 월급 받고, 그 돈으로 가족과 살면 되잖아요."

아이의 대답엔 짜증이 잔뜩 묻어있었다. '귀찮아 죽겠는데 왜 나를 자꾸 건드리느냐?'는 의미였다. 코치인 나는 안타까웠지만 더 이상은 질문을 할 수가 없었다. 아이를 자극하기보다는 관심어린 탐색이 필요한 순간이었다.

나는 시선을 전체에게로 돌려, 아이들에게 자신의 꿈을 좀 더 구체적으로 그릴 수 있는 시간을 주었다. 하고 싶은 것, 되고 싶은 것, 갖고 싶은 것, 가보고 싶은 곳, 사회에 공헌하고 싶은 일 등 '100개의 꿈 리스트'를 작성해보도록 했다. 물 만난 고기처럼 아이들은 제 앞에 놓인 종이 위에 자신의 꿈을 신나게 그려댔다. 친구들의 것을 힐끔거리기도 하고 자기 것을 보여주기도 하며 아이들은 하얀 백지 위를 알록달록한 미래의 꿈들로 채워나갔다. 하지만 민수는 무표정한 상태로 얼른 이 시간이 지나가버리기만을 기다리고 있었다. 예상은 했었지만 마음이 더욱 무거워지는 것은 어쩔 수 없었다.

'어떡하면 저 아이의 마음을 움직일 수 있을까?'

나는 아이의 작은 행동 하나도 놓치지 않기 위해 더욱 적극적인 자세로 관찰을 했다. 세상의 모든 이들이 그러하듯이 민수에게도 미처 발견하지 못한 좋은 잠재역량이 있을 것이라 믿었다. 나는 반드시 그것을 찾아서 아이에게 알려주겠노라 다짐했다.

와! 쌤, 차 정말 멋져요!

민수와 단둘이 이야기를 나눌 수 있는 기회는 예상 외로 빨리 다가왔다. 수업을 마친 나는 아이들의 코칭 수업 교재를 캐리어에 싣고 주차장까지 이동해야 했다. 그런데 승강기를 사용할 수가 없어서 강의를 했던 3층에서 계단으로 내려와 주차장까지 가야 했다. 불편한 정장 차림으로 무거운 캐리어를 들고 계단을 내려갈 생각을 하니 난감하기 그지없었다. 그 때였다.

"쌤, 제가 도와드릴까요?"

민수였다! 아이가 말간 눈으로 나에게 먼저 말을 걸어온 것이었다. 흑기사가 나타난 것도 고마운데, 그 아이가 민수인 것이 너무나 기뻤다.

"그럼 고맙지."

내 말이 떨어지기 무섭게 민수는 캐리어를 번쩍 들고는 뚜벅뚜벅 계단을 내려갔고, 주차장에 세워진 내 차 앞까지 그것을 옮겨 주었다. 순간, 나는 민수가 어려운 상황에 처한 사람을 돕고자 하는 선한 마음과 힘든 일도 마다하지 않는 성실함을 가지고 있다는 것을 발견했다. 아이의 잠재역량을 발견한 것이었다.

"이건 쌤 간식인데 너 줄게. 고마워."

나는 고마운 마음에 차에 간식으로 챙겨두었던 초코바를 하나 꺼내서 아이에게 건넸다.

"감사합니다!"

해맑은 감사의 인사 끝에 아이는 내게 뜬금없는 질문을 했다.

"그런데요, 이 차 선생님 차예요?"

"응, 왜?"

"쌤 말이 맞네요!"

"응?"

"아, 아니에요. 안녕히 가세요!"

맞다니? 뭐가 맞는다는 거지? 나는 저만치 멀어져 가는 민수의 뒷모습을 바라보며 고개를 갸웃거렸다.

다음 코칭 시간이 되어서야 비로소 그 의미를 알게 되었다. 내가 교실로 들어서자마자 아이들이 한꺼번에 함성을 질러댔다. 나는 무슨 일인가 싶어 어리둥절해했다.

"와! 쌤 차가 그렇게 좋다면서요."

"차키 보여주세요."

"민수가 봤다고 했어요."

"저희 쌤이랑 레이싱해 보세요."

이건 무슨 반응이지? 알고 보니 그날 내 차를 본 민수가 반 아이들에게 "쌤 차 ○○○이야. 진짜 돈 많이 버나봐."라고 말을 한 것이었다. 여자 아이들과 달리 남자 아이들은 차에 관심이 많은 탓에 예상 외로 폭발적인 반응이 일어난 것이었다.

"쌤은 얼마나 벌어요? 많이 벌어요?"

지난 수업시간에 다른 아이들이 "나는 나중에 10억을 벌 거야!", "그래? 그럼 난 20억쯤은 벌어야지!"하면서 신나할 때 민수는 뜬금없이 내 수입을 물었었다. 그 때 나는 "쫌 많이 벌어~~"하면서 웃어넘겼었다. 아마도 그 아이는 그날 내 차를 보며 내 말이 사실이란 것을 확인했던 모양이었다.

감사하게도 그것이 그 아이의 마음에 작은 물꼬를 터준 듯했다. 민수 주위에는 샐러리맨이 많았던 탓에 아무리 열심히 일해도 벌 수 있는 돈은 월급으로 제한되어 있었으며, 그 월급 또한 고만고만하다고 생각했던 모양이었다. 그런데 나의 모습을 통해 사람은 열심히 일을 하면 할수록 더 큰 열매를 거둘 수 있음을 확인한 것이었다. 이 일을 계기로 민수는 나를 조금씩 신뢰하기 시작했다.

그 아이는 열심히 하면 된다고 한 내 말을 직접 눈으로 확인함으로써 내게 신뢰감을 갖기 시작한 것이었다. 이제 나는 이 신뢰감을 바탕으로 아이의 핵심역량인 선한 마음과 성실성을 어떻게 공부와 꿈으로 연결할 것인가를 고민하면 되었다. 내게 주어진 과제가 더욱 명확해진 것이었다.

나 전교 11등 할 거예요!

"열정과 끈기는 보통 사람을 특출하게 만들고, 무관심과 무기력은 비범한 사람을 보통 사람으로 만든다."는 말이 있다. 민수의 경우 내부의 무기력과 외부의 무관심으로 인해 자신의 핵심역량이 무엇인지도 모를 뿐더러 찾을 생각조차 하지 않고 있었다. 나는 관찰을 통해 민수에게 잠재되어 있던 핵심역량이 선한 마음과 성실성임을 알아냈고, 이것을 그 아이의 강점으로 만들기 위해 노력했다.

우선 쉬는 시간마다 나는 민수 옆으로 다가가 질문을 퍼붓기 시작했다.

"민수야, 공부 좀 해보자."

"네? 공부요?"

"민수 너 혹시 공부 잘 한 적 있어?"

"쌤! 저 수학은 잘 해요. 성적은 비록 평균이 68점 밖에 안 되지만 …."

현재의 성적은 낮지만 스스로 수학을 잘 한다고 생각한다는 것은 과거 높은 점수를 받았던 성공경험이 있거나 수학 과목에 자신감을 가지고 있다는 의미로 해석되었다. 순간 나는 민수의 핵심역량을 강점으로 이어줄 연

걸고리를 찾은 것에 쾌재를 불렀다.

"이야! 다른 애들은 다들 수학 어려워하고 잘 못하는데, 넌 수학을 잘 한다니 정말 대단하다. 지금이라도 수학 공부 한 번 해봐. 잘 하는 실력을 썩히는 건 정말 아깝잖아. 안 그래?"

"쌤! 지금해도 될까요? 벌써 고등학교 1학년인데 …."

"당연히 되지. 완전 되지. 고등학교 1학년이면 이제 시작인데 뭐가 걱정이야? 걱정할 거 하나도 없어. 넌 정말 잘 해낼거야!"

나는 칭찬과 격려를 아끼지 않았다.

"지금부터 시간관리 동영상을 한 번 볼게."

나는 민수의 마음이 움직이는 모습을 놓치지 않았다. 타이밍이 중요하기 때문이었다. 다행히 민수는 동영상에 집중하기 시작했고, 눈에 힘이 점점 더 들어가고 있었다. 간간이 어금니를 깨무는 모습을 통해, 아이의 마음이 단단한 결심으로 변화되고 있음을 읽을 수 있었다.

"다음 시간은 공부법을 개별적으로 말해 줄게. 어떤 과목이든 상관없으니 참고서나 학습지를 가지고 와봐."

수업을 마치며 나는 아이들에게 다음 시간에 준비해 올 것들을 말해주었다. 그리고 마지막으로 한 번 더 민수에게 "민수야, 넌 꼭 가지고 와. 쌤이 알려줄게."라는 말로 관심과 지지의 뜻을 보여주었다.

일주일 후 다시 만난 민수는 모두가 깜짝 놀랄만한 변화를 보였다. 국·영·수 참고서와 문제집, 단어장을 잔뜩 사 가지고 온 것이엇다. 그리고는 "쌤! 서점에 없어서 못 산 책은 인터넷으로 주문했어요."라며 내가 기대했던 것 이상의 모습을 보여주었다. 민수는 언제 그랬냐는 듯 아주 적극적인 아이로 변해있었다. 나는 이 두 번째 타이밍을 놓치지 않고 공부법을 더 열심히 설명해주었다.

"쌤! 저 이번 기말시험에 전교 11등 할거예요."

수업이 끝나자 민수는 또 한 단계 발전해 있었다. 무기력했던 자신은 잊으라는 듯 민수는 열정이 넘치는 의욕적인 모습을 보여주었다.

"그래, 그럼 내가 떡볶이 사주러 온다."

"진짜요. 그럼 저랑 같이 가는 내 친구들은 몽땅 다 사주세요."

"오케이. 내가 그날 유명 떡볶이 집을 접수해둘테니, 넌 전교 11등만 해!"

한 달 뒤 카톡 알림음이 요란하게 울려 퍼졌다. 민수였다.

"쌤! 저 지금 평균 90점을 넘어서 전교 5등이에요. 내일이 시험 마지막 날인데 잘 마무리하고 싶어요."

"우와, 축하한다! 정말 대단하다. 마무리 잘 할 수 있을거야. 너 자신을 믿어봐!"

나는 칭찬과 격려의 말을 쏟아내며 아이의 열정을 더욱 끌어내주었다. 다음 날 다시 민수에게서 카톡이 왔다.

"쌤! 저 전교 10등이에요."

그야말로 대박이었다. 평균 60점대의 성적을 90점대까지 끌어올리고 전교 10등이 되다니! 매사에 무기력하고 심드렁하던 아이가 작은 목표를 찾고 그것을 시작으로 자신의 꿈을 찾아가고 있었다. 아이를 믿고 잠재역량을 찾아 지속적으로 관심과 응원을 보내준 결과는 그야말로 감동 그 자체였다.

나는 지금도 그날을 생각하면 가슴이 뛴다. 외부강사인 관계로 민수에게 떡볶이를 사주러 가지 못한 사실이 아직도 마음에 걸린다.

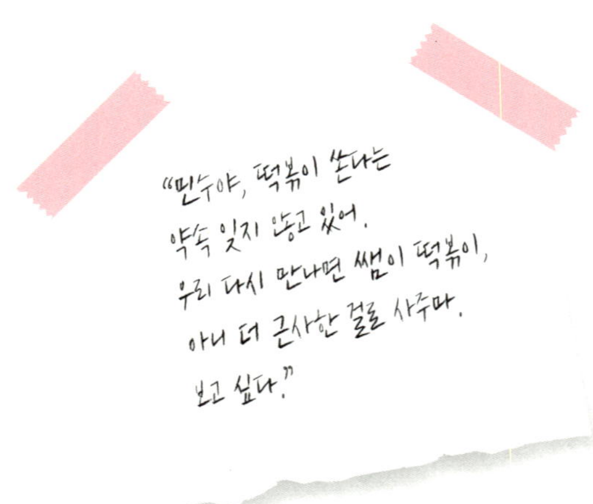

하나

아주 사소한 일상생활 속에서 내 아이의 잠재역량을 찾아보세요. 제가 무거운 짐을 자청해서 들어주는 민수의 모습에서 성실성과 선한 마음을 찾은 것처럼 말이죠.

둘

내 아이의 마음을 열어야 합니다. 칭찬과 격려, 고마움의 표현 등을 자주 해주세요. 이런 긍정의 표현에 아이들은 마음이 잘 열린답니다.

예컨대 엄마가 해준 밥을 맛있게 먹어주는 일상의 소소한 행동에도 칭찬과 고마움을 표현해 보세요. 제가 민수에게 초코바를 건네주며 감사함을 표현했던 것처럼 말이죠.

셋

타이밍을 놓쳐서는 안 돼요. 하고 싶은 것도, 되고 싶은 것도 없는 무기력한 아이는 자신이 뭔가 하고 싶다는 것을 느껴도 그것을 언어로 명확하게 전달하지 않을 때가 많아요. 그래서 아이의 표정이나 몸짓에서 이러한 신호를 잘 감지해야 한답니다.

그것이 감지되는 순간이 바로 우리가 훅! 치고 들어가야 하는 최적의 타이밍입니다.

이 정도면 많이 한 거잖아요!

"제가 공부한 데서는 문제가 하나도 안 나오고 이상한 것만 죄다 나왔어요."

시험을 망치고 돌아온 아이들의 대표적인 변명 중 하나이다. 그런데 알고 보면 그 '이상한 것' 역시 교과서나 참고서, 문제집 등에 떡하니 자리하고 있는 것들로, 좋은 점수를 바란다면 반드시 공부해야 하는 내용들이다.

나름 열심히 공부는 하지만 자신이 원하는 만큼의 결과를 얻지 못하는 아이들을 보면, "이 정도면 됐어."라는 '적당히'의 함정에 빠져있는 경우가 많다. 절대적인 기준에서 보면 한참이나 모자란 공부량이지만 평소보다 더 열심히 했다는 이유로, 어느 정도 선에서 자신과 타협을 하고 공부를 그만

하는 것이다.

"사람은 적당히 게으르고 싶고, 적당히 재미있고 싶고, 적당히 편하고 싶어 한다. '적당히'라는 그물 사이로 귀중한 시간을 헛되이 빠져나가게 하는 것처럼 우매한 짓은 없다."

고 정주영 회장은 '적당히'의 함정에 빠져 더 나은 결과를 얻지 못하는 이들에게 일침을 가했다. 공부도 마찬가지다. '적당히'만으로 만족하며 좋은 결과를 바라는 것처럼 우매한 짓은 없다.

세계적인 발레리나 강수진은 동작이 완벽하게 나오지 않으면 동료들이 식사를 할 때도 다른 곳으로 가서 연습에 몰두했다고 한다. 어디 그뿐인가! 모나코 왕립 발레학교에서 발레를 배울 때는 빈틈없이 이어지는 빡빡한 수업 일정을 모두 소화한 후 친구들이 기진맥진하여 쓰러질 때, 그녀는 다시 발레복을 챙겨 입고 몰래 연습실로 향했다고 한다.

15살 소녀는 자신의 부족한 실력을 메우기 위해 수업 시간에 배웠던 동작들을 연습하고 또 연습하며 완벽하게 자신의 것으로 만들었다고 한다. 어두운 연습실에서 달빛을 조명 삼아 그녀는 '온 몸의 에너지가 모두 빠져나가도록 뛰고 또 뛰었다.'고 한다. 입학 후 초기 2년 동안 단 하루도 빠지지 않고 '도둑훈련'을 한 덕분에, 그녀는 학교를 졸업할 때까지 내내 장학금을 받았을 정도로 훌륭한 실력을 쌓을 수 있었다고 한다.

아이들에게 이런 이야기를 들려주면, "오, 정말 대단하다!"며 감탄을 하거나 "그건 강수진이니 가능한 이야기죠.", "그건 김연아니 가능한 이야기죠.", "그들은 우리와 달라요."하며 마치 그들이 별나라 사람인 듯 자기합리화를 하곤 한다. 자신이 이 세상에 유일무이한 가장 아름다운 꽃을 품은 줄도 모르면서, 아이들은 그저 "나는 이 정도면 됐어."라며 노력은 물론 자신의 가치조차도 적당히 설정해 버린다.

있는 힘을 다해 전력투구하여도 원하는 목표를 달성하기란 쉽지가 않다. 하물며 적당히 노력하고 적당히 놀면서 이 정도면 됐다며 만족해 버린다면 목표는 점점 멀어질 뿐이다. 안타까운 일이 아닐 수 없다.

중학교 3학년 남학생인 현성이는 독서실에 가방을 던져둔 채 밖에서 친구들과 어울려 놀다가 어머니 손에 이끌려 학원에 온 아이였다. 2학기 중간고사를 준비하며 현성이는 "태어나서 공부를 이렇게 많이 하기는 처음"이라며 분명 좋은 성적이 나올 것이라 확신했다. 하지만 내가 판단할 때 현성이는 학습량이나 학습시간도 부족한 데다 이해도 완벽하게 하고 있지 않았다. 게다가 디테일한 부분까지 꼼꼼히 살피지 않았기 때문에 기대만큼 좋은 점수가 나올 것 같지 않았다.

아니나 다를까! 현성이는 자신의 기대에 훨씬 미치지 못하는, 엉망이 된 시험지를 들곤 울상이 되어 학원에 왔다. 그리곤 "어떻게 이런 결과가 나올 수 있느냐?"며 짜증을 냈다. 자신의 기준에서 볼 땐 충분히 공부한 것처럼 느껴지지만, 객관적인 기준에서 볼 땐 '적당히' 공부한 것이 분명하므로 어쩌면 당연한 결과였다. 나는 아이가 '적당히'의 함정에서 빠져나오도록 도울 필요성을 느꼈다.

   울림이 있는 공부는 절대 배신하지 않는다

현성이의 첫인상은 꽤나 인상적이었다. 일단 외모적으로 볼 때 눈이 작았다. 그런데 그 작은 눈 속에 보이는 눈동자 역시 초점 없이 흐리멍덩해 보였다. 알고 보니 잠을 거의 자지 않고 밤새워 게임을 한다고 했다. 그러니 학습태도에도 당연히 문제가 있을 수밖에 없었다. 친구들과 놀다가 들켜 어머니의 손에 이끌려 억지로 학원에 와서인지 공부에 대한 의욕도 자신감도 없어 보였다. 하지만 착하고 속정이 깊은 아이인지라 별다른 반항 없이 내 코칭을 따라주었다.

처음엔 자습서를 가지고 외우기를 시작했다. 평소 공부를 안 하던 아이라 비교적 적은 학습량임에도 힘겨워하는 기색이 역력했다. 여전히 초점 없는 눈으로 한 달여를 보내던 현성이는 조금씩 암기가 익숙해지기 시작했다.

"태어나서 이렇게 공부를 많이 해보기는 처음이에요. 쌤, 저 이번엔 성적 정말 잘 나올 것 같아요."

현성이는 스스로가 대견하게 느껴지는지 한껏 격양된 목소리로 말했다. 그러나 내 눈에는 성적이 잘 나올 것처럼 보이지 않았다. 아이의 눈에는 여전히 초점이 없었고, 마음이 담긴 공부가 아닌 형식적으로 암기량만 늘어나고 있었기 때문이었다. 하지만 아이는 스스로의 모습에 만족해 하며 대견해 하고 있었다.

"내가 진작 이 정도로 공부했으면 특목고 준비를 했을텐데. 아! 아쉽다."

나는 이것저것 부족한 면이 보였지만 아무 말도 하지 않았다. 비록 노력은 부족할지언정 점점 자라나고 있는 아이의 의욕을 꺾고 싶지 않았기 때문이었다. 대신 스스로 실패의 경험을 통해 느끼기를 기다려 주기로 했다. 예상대로 현성이의 중간고사 결과는 엉망이었다.

"너무해요! 어떻게 이런 점수가 나올 수 있어요? 태어나서 제일 많이 공부했는데 ⋯."

현성이는 실망감이 너무 큰 나머지 울먹이기까지 했다.

"그래, 속상하지? 쌤 같아도 속상하겠다."

말은 그렇게 했지만 내 속마음은 달랐다. '네가 건성으로 했으니 그렇지. 내가 그럴 줄 알았어.' 하고 안타까운 마음에 소리라도 질러주고 싶었지만 꾸욱 참고, 우선 아이의 마음을 헤아려주었다.

"완전 짜증나요. 뭐가 이래요!"

현성이는 한참을 씩씩거리며 억울하다고 소리를 질렀다.

"현성아, 지금은 기분이 어떠니?"

며칠이 지난 후 나는 현성이를 불렀다. 며칠 전보다는 기분이 다소 나아진 것 같았지만, 여전히 속상함은 가시지 않은 듯 했다.

"현성아, 너 아직도 억울하지?"

"당연하지요. 생각하니 또 억울해지네요."

"그렇지? 그럼 어떡할까? 억울한데 포기할까? 포기하면 너의 마음은 어떨 것 같니?"

"더 억울하지요."

"그래. 그러면 한 번만 더 도전해 볼까?"

 울림이 있는 공부는 절대 배신하지 않는다

내 말에 아이는 잘 모르겠다고 했다. 열심히 해도 점수가 또 나쁘게 나오면 어떻게 하느냐며 걱정을 했다.

"난 자신 있는데. 쌤 말대로만 하면 현성이도 좋은 점수를 받을 수 있을텐데."

"헐! 진짜요? 제가 어떻게 하면 돼요?"

"할거야? 무척 힘들텐데 …."

"그래도 해야죠. 나도 남자인데."

나도 남자라는 아이의 말에 웃음이 빵 터졌다.

"좋아! 그럼 하는 거다. 너 고등학교 3년 동안 내내 전교 1등을 해서 4년 장학금으로 대학에 간 선배 알지? 그 노하우를 너한테 전수해 줄게."

내 말에 현성이는 뛸듯이 좋아하며 정말인지 재차 확인했다.

"그럼 정말이지. 대신 내 말에 무조건 복종하기."

"넵! 당연하죠!"

현성이의 마음 상태를 관찰하면서 나는 아이의 마음 속에 정말 도전하고 싶다는 마음과 실패에 대한 두려움이 함께하고 있음을 알게 되었다. 이번 도전은 현성이가 앞으로 지속적인 도전을 하기 위한 발판이 되는 아주 중요한 기회였기 때문에, 어떻게 해서든지 성공적인 결과를 만들어주어야 했다.

사실 현성이와 함께하는 도전은 나에게도 의미가 있는 일이었다. 내가 코칭을 했던 아이들의 대부분은 조금만 자극을 주면 내적 동기가 발동하여 저절로 성적이 향상되었었다. 그런데 현성이는 제 나름대로 노력을 하였음에도 향상이 안 되는 경우였기 때문에, 현성이와 함께 성과를 만들어낸다는 것은 나 역시 새로운 경험이었다.

서술형 문제는 풀기 귀찮아요

우리는 곧바로 기말고사 준비를 시작했다. 현성이는 나름 열심히 하려고 애를 쓰는 흔적이 보였다. 그러나 성적을 올리기에는 역부족이었다. 중학교 마지막 시험에서 원하던 결과를 만드는 성취감을 맛보게 해주어야 하는데 어떡하지? 어떻게 도와주면 현성이가 좋은 성적을 얻을 수 있을까? 나는 생각에 빠졌다. 그러면서 현성이를 관찰하기 시작했다.

예상대로 현성이는 점점 의욕이 떨어지고 지쳐가기 시작했다. 그러는 사이 어느새 시험이 코앞으로 다가왔었다. 나는 마음이 초조해졌고, 현성이는 거의 포기상태였다. 그러나 나는 도저히 포기할 수가 없었다. 그리고 천천히 아주 천천히, 그리고 꼼꼼하게 현성이의 손동작 하나, 머리 움직임, 그리고 눈을 깜박이는 모습 등 아주 작고 사소한 움직임까지 관찰하기 시작했다. 그 결과 아이는 교과서와 참고서 한 권을 가지고 같은 내용만 뒤적이며 반복하고 있다는 사실을 알 수 있었다.

"현성아, 지금 공부하고 있는 과학에 관련된 모든 자료를 가지고 와봐."

현성이는 자신이 보고 있던 참고서를 내게 들고 왔다. 그런데 과학 참고서 뒤쪽에 분명히 있어야 할 서술형 문제가 없었다.

"뒤쪽에 분명 서술형 연습문제집이 있을 텐데, 왜 없어?"

"이 책에는 원래 없었어요."

"그래? 내가 알기에는 분명 대부분의 참고서에는 서술형 문제가 별도로 있던데 …."

이상했다. 분명히 서술형 문제가 별도로 붙어있어야 하는데, 아이가 이미 분리를 해놓은 상태여서 확인이 어려웠다. 나는 참고서 맨 앞면을 구석구석 한 글자도 빠짐없이 읽어 내려갔다. 그 결과, 현성이가 보고 있던 참고서는 내 예상대로 본책, 기출 문제, 서술형 문제, 정답으로 구성되어 있었다는 것을 찾아냈다.

"이것 봐. 분명히 서술형 문제가 별도로 있지?"

나는 단호하고 화난 어조로 말했다. 아이는 아무 말도 못했다.

"어서 서술형 문제집 찾아와. 어디 있어?"

아이는 그제야 자신이 그것을 공부하지 않으려고 집에 두고 다닌다고 고백했다. 나는 더욱 엄한 목소리로 당장 집에 가서 그것을 가져오라고 했다. 아이는 내 말이 끝나자마자 부랴부랴 집으로 달려가 서술형 문제집을 가지고 왔다.

다시 학원으로 돌아온 현성이는 서술형 문제를 포함하여 과학 시험에 관련된 모든 문제를 다시 점검하기 시작했다.

"다 했어요. 이제 집에 가도 되죠?"

"안 돼. 여기 이 문제들은 안 풀었잖아."

"이것처럼 아주 쉬운 연습문제도 다 해야 해요?"

갑자기 늘어난 학습량에 현성이는 입을 삐죽삐죽했다. 하지만 나는 물러서지 않았다. 아이가 바라는 대로, 아이가 좋은 성적을 얻을 수 있도록 돕는 것이 내 역할이기 때문이었다.

"당연하지. 시험 범위에 포함되는 쪽지 문제까지도 몽땅 다 풀어야 해. 그래야 집에 갈 수 있어."

현성이는 '난 오늘 죽었구나!'하는 암담한 표정을 지었다. 그러나 일단 내 말이 떨어진 이상 다 끝내야 집에 갈 수 있다는 걸 알기에 더욱 속도를 내기 시작했다.

쌤, 드디어 해냈어요!

"선생님, 다 했어요."

"아니, 이것도 해야지!"

"이젠 진짜 다 했어요."

"이건 왜 안 했어?"

나는 아주 집요하게 문제꺼리를 찾아내고 풀고 외우기를 반복시켰다. 투덜대던 아이는 시간이 갈수록 공부에 집중하기 시작했다. 이제 아이의 마음과 자세가 공부에 열중하고 있음이 느껴졌다.

그렇게 시간이 흘렀고, 밤이 제법 깊어져서야 현성이는 참고서, 교과서, 학습지, 쪽지 시험까지 모두 마치고 개운한 듯 기지개를 켰다.

"어때? 지금 기분이?"

"상쾌해요. 아까는 어차피 열심히 해도 점수가 안 나올 것이니까 대충 하려고 했었어요. 그런데 이제는 마음이 뿌듯해요. 내일 시험이 기다려져요."

아이의 목소리엔 자신감이 넘쳤다. 중간고사 때 적당히 공부를 해놓곤 허풍을 떨던 때와는 확연히 다른 모습이었다. 그야말로, '근거 있는 자신 감'이었다.

"방심하지 말고 내일 시험 보기 전에 오늘 체크해 놓은 거 꼭 보고! 선생님이 시험지 나눠줄 때까지 한 문제라도 더 봐야해. 알겠지?"

"넵! 쌤 말씀 꼭 명심할게요!"

시험이 끝날 때까지 나는 초조한 마음으로 '현성이가 시험을 잘 보게 해 주세요. 포기하지 않고 끝까지 도전할 수 있게 그 아이에게 기회를 주세요.' 라고 기도하며, 마음을 모으고 또 모았다.

마침내 시험이 끝나고 카톡 알림음이 울렸다. 하지만 나는 떨려서 내용을 확인할 수가 없었다. 다시 전화벨이 울렸다. 현성이었다.

"쌤!"

아이는 악을 쓰며 큰소리로 나를 불렀다. 소리가 너무 커서 순간 깜짝 놀랐다.

"저 과학 93점이에요, 93점! 우와!"

아이는 완전 흥분 상태였다. 지난 중간고사에서 제 나름 열심히 했지만 60점이라는 낮은 점수를 받았었기에 그 기쁨은 더욱 컸다.

"진짜? 진짜야?"

"네! 진짜, 진짜예요. 쌤, 정말 정말 감사해요."

"잘 했다. 애썼어."

아이에게 축하의 말을 건네는데 내 눈에서 눈물이 주르르 흘렀다. 93

점이라는 높은 점수도 반가웠지만, 무엇보다도 아이가 노력한 만큼의 좋은 결실을 얻어 공부에 대한 자신감을 얻고 다시 도전할 용기를 얻게 된 것이 무척이나 기뻤다. 오전 내내 숨죽이며 기도했던 마음이 감사함으로 쏟아져 나왔다.

"쌤, 저 고등학교에 가면 진짜 열심히 공부할 거예요. 그래서 꼭 원하는 대학에 입학할 거예요."

"그래, 꼭 약속지켜. 그나저나 이제 우리 현성이 눈도 커지겠네. 게임 안 하니까."

"어? 어떻게 알았어요?"

"다 알지. 네 눈이 원래 작은 것이 아니라 게임하느라고 밤을 새워 눈에 초점도 없고, 졸려서 눈이 더 작아진거잖아."

내 말에 아이는 귀신같이 잘 알아맞힌다며 신기해했다. 우리는 그렇게 전화기를 붙잡고 울다가 웃다가를 반복했다.

시험이 끝난 후 현성이는 다시 나를 찾아와서 감사하다는 말과 함께 90도로 허리를 굽혀 폴더 인사를 했다. 나는 그 아이의 두 손을 꼭 잡으며 격려와 축복의 말을 건넸다.

"현성아, 절대 잊지 마라. 지금 이 기분을 …. 네가 열심히 노력한 후 얻게 되는 성공의 기쁨이 얼마나 가슴 벅찬지를 …. 그리고 항상 기억해라. 어제 우리가 어떻게, 얼마만큼 공부를 했는지를 …."

"네. 선생님."

아이의 눈에서는 빛이 났고 힘이 넘쳤다.

"애썼어. 넌 어제 최고였어. 너 자신을 이긴 거야. 고등학교에 가면 더 잘 할 거야. 언제나 최선을 다 하고, 마지막 한 문제까지 점검하기! 알았지?"

나는 현성이의 어깨를 두드려주며 꼭 안아주었다. 의욕도 흥미도 없던 아이에게 "마지막 한 문제까지!"를 외쳤던 것은 '적당히'의 함정을 깨우쳐 주고 싶었기 때문이었다. '이 정도면 되겠지. 지난 번보다 더 많이 했으니까.'라는 생각으로 자신을 합리화할 것이 아니라, 자신이 바라는 성적을 얻으려면 얼마나 노력을 해야 하는지를 알려주고 싶었다. 그리고 성과를 통해 스스로 그것을 느끼게 해주고 싶었다.

현성이는 자기주도 학습이 가능해져 홀로서기를 한지 3년이 지났지만, 여전히 스승의 날엔 잊지 않고 내 얼굴을 보러 온다. 그것도 내가 좋아하는 아이스크림을 기억했다가 매번 그것을 한아름 안고서 …. 속이 깊은 데다 한없이 착한 아이라, 현성이가 무엇을 하든 잘 되기를 바라는 마음이다. 올해도 변함없이 찾아오는 현성이의 손을 잡고 한참을 놓을 수가 없었다.

하나

게임중독에 빠진 것을 혼내기보다는 또 다른 도전으로 승부욕을 맛보게 해주세요. 게임에 빠진 아이들의 상당수가 승부욕에 집착해서 중독 수준까지 가곤 합니다.

스포츠나 공부 등 승부욕을 자극할 수 있는 다른 도전을 경험하게 해줌으로써 아이의 관심이 자연스레 게임에서 멀어지게 해야 합니다.

둘

마지막까지 포기하지 않게 함께 해주세요. 제 나름 열심히 하지만 성과를 얻지 못한 아이들은 그 실망감에 중도 포기하곤 합니다.

이 때 엄마가 도전의 과정을 함께 해준다면 아이는 더 힘을 낼 수 있답니다.

셋

자신이 바라는 성과를 얻기 위해서는 얼마만큼 노력해야 하는지를 보여주세요. 도전한 결과를 맛보기 위해 최선을 다하는 법을 알려주세요.

최선을 다한 후 바라던 결과를 얻는 경험을 통해, 아이는 최선을 다해야지만 비로소 성과를 얻는다는 것을 스스로 느끼게 된답니다.

넷

'이 정도면 되겠지.'라고 생각하고 노력을 그만두려 할 때 "NO! 더 해야 해."라고 말해주세요. 혼자 하면 그 과정이 힘들지만 누군가 옆에서 이끌어주면 아이들은 따라오기 마련입니다.

다섯

도전과 노력, 성과를 통해 목표를 향해 달려가는 여정을 스스로 느끼게 해주세요. 그래야 스스로 자신의 삶을 이끄는 진정한 '자기주도'가 가능해집니다.

여섯

도전하고 싶은 욕구가 생기게 해주세요. 목표를 단계적으로 설정함으로써 성취의 쾌감을 맛보게 해준다면, 아이는 다시 또 더 큰 목표를 향해 도전을 이어간답니다.

꼴통 집단지성!
우리가 간다

관심 밖의 꼴통 아이들

요즘 아이들의 최대 관심사 중의 하나는 아마도 음악 오디션 프로그램일 것이다. 10대에서부터 20대까지 전국에서 내로라하는 인재들이 음악 오디션 프로그램에 참여하여 우열을 다툰다. 한 주가 지날 때마다 경쟁에서 이긴 사람은 다음 라운드로 진출하고, 진 사람은 쓸쓸히 집으로 돌아간다.

심사위원들을 비롯해 관객과 시청자들의 눈과 귀를 호강시키는 참가자들은 온갖 갈채와 스포트라이트를 받는다. 경쟁 오디션인 까닭에 실력이 뛰어난 사람이 주목을 끄는 건 당연하다. 그런데 탈락됐거나 커트라인에 아슬아슬하게 걸려 있는 참가자의 애절한 표정도 잊을 수가 없다. 심사위원들의 냉정한 평가는 시청하는 사람들마저 움찔할 정도로 가혹하다. 대체로 이런 가혹한 평가를 받은 참가자들은 꼴찌가 되어 탈락의 위기에 처한다.

한 오디션 프로그램에서 탈락의 위기에 처한 참가자들이 있었다. 아예 방송에 나오지도 못하거나 1초 정도만 얼굴이 비쳐지고, 오디션 순위가 꼴찌 혹은 꼴찌에서 두 번째인 참가자들이었다. 누가 봐도 꼴찌들이었다. 심사위원들은 이런 꼴찌들을 한 데 모아 팀으로 만들어 다음 라운드에 참가하라고 했다. 기회를 주긴 했지만 아무도 그들의 반전을 기대하진 않았었다. 그저 꼴찌라 해도 방송에 출연했으니 한 번쯤은 무대에 제대로 서보라는 배려 아닌 배려 정도로 여겼었다.

다음 주 꼴찌들로 구성된 팀이 무대에 오르고 노래가 시작됐다. 그러자 꼴찌들을 바라보던 심사위원들의 표정이 다소 놀랍다는 듯 바뀌는 게 아닌가! 비단 심사위원들뿐만이 아니었다. 관객도 시청자도 모두가 예상치 못한 그들의 모습에 놀랐다.

꼴찌들끼리 모인 팀은 개개인의 약점보다 장점을 훌륭하게 조화시킨 무대를 보여줬다. 꼴찌들끼리 모아 놓았을 때, 그들은 얼마나 불안했을까? 그렇지만 그들은 꼴찌들끼리라 해서 모든 게 끝났다는 생각을 하지 않았다. 혼자일 때는 한없이 약한 존재였지만, 여럿이 모여 발휘한 힘은 너무나 컸다.

꼴찌들의 반란은 비단 오디션 프로그램에서만 볼 수 있는 것이 아니다. 내가 코칭을 맡았던 아이들 중에도 '그 어디에도 네가 갈 대학은 없다'는 절망적인 선고를 받은 아이들이 놀라운 반전 드라마를 썼던 경우도 있다. 꼴찌, 꼴통이라는 공감대가 서로를 위로하고 격려하게 만들었고, 그들

  울림이 있는 공부는 절대 배신하지 않는다

중 누구라도 성적이 향상되면 그것이 곧 희망이 되어 아이들은 함께 그 불빛을 따라갔다.

내가 대학에 갈 수 없다고요?

"선생님, 학교에서 우리 아들이 지방에 있는 전문대조차도 진학할 수 없다고 하네요."

고등학교 3학년인 민석이의 아버지께서 어느 날 학원을 찾아와 침울한 얼굴로 말씀하셨다. 학업성적이 부진한 것은 알고 있었지만, 대학 진학 자체가 힘들다는 학교 측의 말은 실낱같은 희망마저도 앗아가 버린 듯했다.

"아니, 누가 그런 말을 해요?"

나는 민석이의 아버지보다 더 흥분해서 거칠게 말했다. 민석이의 컴퓨터에 대한 잠재능력을 이미 알고 있었기에 학교 측의 그런 섣부른 판단에 화가 난 것이었다.

"학교 선생님께서 그렇게 말씀하셨다고 하네요. 그런데 우리 아이는 컴퓨터 강사가 되고 싶다고 합니다. 그래서 지금이라도 보습학원을 보낼까 싶어서 선생님과 상의하러 왔습니다."

민석이 아버지는, 꿈이 없던 아이가 나를 보고 컴퓨터 강사가 되고 싶다는 꿈을 키웠다며, 그 꿈을 이루기 위해서는 대학에 진학해야 할테고, 그러려면 지금이라도 보습학원에 보내야 하는 것이 아닌지 염려하셨다.

"아버님, 민석이는 컴퓨터를 좋아하는 정도가 아니라 거의 전문가 수준입니다. 프로그램의 천재라고나 할까요. 그런 아이가 학교에서 그런 평가를 받았다고 하니, 무척 화가 나고 속상하네요."

컴퓨터 관련 일을 하고 있는 아버지의 영향으로, 민석이는 어릴 때부터 컴퓨터에 재능을 보였다고 한다. 아버지가 컴퓨터와 관련된 책을 사다 주면 혼자서 책을 보며 컴퓨터를 하고 있었던 것이었다. 민석이 아버지는 그토록 대견했던 아이의 모습을 회상하며 흐뭇한 미소를 지으셨지만, 이내 쓸쓸한 표정이 되셨다. 대학 진학을 목전에 둔 상황에서 그런 청천벽력 같은 말을 들었으니, 그 좌절감이 오죽하셨을까!

"아버님, 저는 민석이가 컴퓨터 강사의 꿈을 가졌다는 자체만으로도 너무 좋아요. 그래서 말인데, 아버님께 제가 제안 하나 드려도 될까요?"

"네. 말씀하십시오."

나는 민석이가 그동안 학교 공부에 손을 놓은 상태인데다, 고3인 지금 보습학원에 가서 수능으로 대학에 진학하기는 어려울 것이라고 솔직하게 말씀드렸다. 물론 최선은 다해보겠지만, 만약 대학 진학에 실패하면 최후엔 방송통신대학을 지원하는 것으로 하고 나에게 민석이를 맡겨주실 수 있느냐고 여쭈었다. 그러자 대답 대신 아주 직설적인 질문이 되돌아왔다.

"우리 아이를 대학에 보내실 수 있나요?"

"아니요, 아버님. 저는 민석이를 대학에 진학시키겠다고 장담하지는 못합니다. 저는 가르치는 사람이 아니고 잠재역량을 개발해서 강점으로 만드는, 동기부여를 하는 코치입니다."

"민석이의 잠재역량은 뭡니까? 가능성은 있습니까?"

나의 솔직한 말에 민석이 아버지는 마음을 열어주셨고, 나는 민석이가 컴퓨터를 잘하는 것을 넘어 좋아하고 즐기는 수준이며, 컴퓨터를 할 때만 큼은 그 누구보다도 뛰어난 몰입력을 보인다고 설명했다.

"더군다나 컴퓨터 강사가 되고 싶다는 꿈이 생겼다면, 지금이 민석이에게 공부에 대한 동기부여를 할 가장 적절한 타이밍입니다."

민석이는 무조건 외우기보다는 이해하고 탐구하며 문제해결을 하는 스타일이었다. 그래서 학교 공부처럼 암기력을 요구하는 학습은 힘들 것이라 예상됐다. 하지만 학습에 대한 동기부여를 충분히 한다면 아직 내신을 끌어올릴 여지는 남아 있었기 때문에 나는 최선을 다해보겠노라며 다시 한 번 동의를 구했다.

"선생님께서 우리 아이에 대한 파악이 정확하고 열정이 보이시니 믿고 맡기겠습니다. 잘 부탁드립니다."

꿈을 말하는 아들을 돕고 싶은 마음이 넘치시는 아버지셨다. 사회에서 정해놓은 잣대가 아닌 아들의 꿈을 믿고 응원하는 모습에서, 자식을 진심으로 사랑하는 아버지의 마음이 느껴졌다.

'컴퓨터라는 대단한 재능을 가진 이 아이를 어떻게 도울까?'

그날부터 민석이에 대한 관찰을 하기 시작했다. 학교 공부에 손을 놓다시피 한 아이라 혼자서는 힘들 것이 뻔했다. 전교 1등을 하는 친구를 붙여줄까 하는 생각도 들었지만, 그것은 서로를 위해 그리 바람직한 방법은 아닌 듯했다. 나는 민석이를 어떻게 도울지 궁리를 하며, 나의 예리한 관찰 레이더로 사방을 훑기 시작했다.

"오홋! 그래, 그거야!"

드디어 나의 관찰 레이더에 민석이를 도울 방법이 포착되었다. 민석이처럼 대학 진학이 어려워 포기하고 있는 아이들이 내 눈에 들어온 것이었다. 그들과 함께 공부를 한다면 그야말로 Win-Win이 될 것임을 확신했다.

잘하는 아이들과 함께 공부하면 오히려 기가 죽을지도 모른다. 더군다나 같은 학교 친구들인데 …. 성적이 비슷한 아이들과 함께 공부를 하면 서로 의지도 되고 힘이 될 거라는 확신이 들었다. 혼자는 힘들지만 함께하면 성장할 수 있는 집단지성集團知性! 집단지성처럼 그들만의 리그를 만드는 것이다.

'그래! 꼴통 집단지성을 만들자. 뭉치면 우리도 할 수 있다는 것을 보여주자!'라는 생각으로 아이들을 모아 놓고 나의 계획에 대해 설명하고 또 설명했다. 너희들이 얼마나 대학에 진학하고 싶은지 나는 안다, 그 도전을 내가 함께해주겠노라고 열심히 목이 터져라 설명했다.

"너희들은 대학에 가고 싶지 않니? 그런데 왜 도전을 안 해? 한 번은 해봐야 되지 않겠니? 이 세상에서 가장 소중한 너희들 자신을 위해 한 번은 죽기 살기로 해봐야 후회하지 않지!"

"맞아요! 나도 대학에 가고 싶어요. 공부는 못하지만 그래도 대학에 가서 공부해보고 싶어요!"

"누구를 위해?"

"나 자신! 나를 위해서요."

"얘들아, 하자! 쌤이 너희와 함께한다."

그날부터 당장 우리는 꼴통 집단지성을 만들어 공부를 하기 시작했다. 각자의 반 친구들에게서 학습 정보를 모아오기 시작했고, 무조건 외우고 또 외웠다. 민석이는 아이들 중에서도 제일 뒤처져서 석 줄을 외우는 데 한 시간이 걸렸지만, 어느 누구도 그것을 비웃지 않았다. 오히려 석 줄을 외운 그 자체를 인정해 주며 칭찬해 주었다. 민석이는 아이들의 칭찬에 쑥스러워하면서도 조금씩 자신감을 회복하는 모습을 보였다.

물론 아이들이 노력한다고 해서 처음부터 성적이 눈에 띠게 향상된 것은 아니었다. 오히려 아이들 중엔 시험을 망친 경우도 있었지만 다시 힘을 내 묵묵히 걸어갔다.

"쌤, 어떡해요. 완전 끝이에요. 시험 망쳤어요."

한 아이는 회계시험에 대비해 열심히 공부했지만 중간고사에서 38점이라는 낮은 점수를 받았다. 그날 아이는 눈이 퉁퉁 붓도록 꺼이꺼이 소리 내어 울었다. 나는 아무 말도 하지 않았다. 그 어떤 위로도 소용이 없다는 것을 알기 때문이었다. 나는 그냥 따뜻이 안아주며 아이가 맘껏 울도록 해 주었다.

바닥을 쳤으니 이젠 올라가는 일만 남았다. 나는 아이들을 도울 또 다른 방법을 생각해야 했다. 아이들을 더 똘똘 뭉치게 해서 진정한 집단지성을 확인할 좋은 방법이 없을까? 다시 생각에 빠져들었다.

"얘들아, 하자! 쌤이 너희와 함께한다."

나는 처음에 아이들에게 약속했던 말을 떠올렸다. 내가 할 일은 약속을 지키는 일이라는 것을 깨달았다. 그날 이후 우리는 서로 시간만 있으면 함께 뭉쳤다. 밤이든, 새벽이든, 주말이든 그 어떤 시간도 상관없었다. 무조건 한 공간에 모여 함께 공부했다. 서로의 정보를 공유하며 함께 외웠고, 외운 것을 짝을 지어 재검사하며 머릿속에 철저히 각인시켰다. 어디 그뿐인가! 수행평가 때는 예상문제까지 만들어서 무한 반복해서 외웠다.

　그렇게 시간이 흘러 마침내 기말고사가 하루 앞으로 다가왔다. 그동안의 노력이 결실로 나올 차례였다. 숨이 막혀도 물조차 마실 수 없었다. 종교인이 아님에도 나는 내가 아는 온갖 신들에게 매순간 기도를 했다.

　"하나님, 부처님, 하늘에 계신 모든 신이시여! 저희 아이들에게 희망을 주세요. 제가 더 열심히 아이들과 함께하겠습니다. 꼭 도와주세요."

　나는 아이들과 함께 있어주고 기도하는 일밖엔 할 게 없었다. 아이들 대신 공부도 시험도 대신 해줄 수 없었다. 그럴수록 나는 더욱 간절하게 기도를 했다.

두 과목이나 100점을 받았어요

그렇게 열심히 준비를 하고도 막상 기말고사가 코앞에 닥치자 아이들은 불안해했다. 시험 전 날, 시간이 늦었는데도 아이들 중 세 명은 아예 집에 갈 생각을 하지 않았다. 공부를 더 하고 싶어 하는 모습이 보였다. 그 간절한 눈빛에 나는 차마 아이들을 집으로 보낼 수가 없었다.

　"애들아, 쌤 집에 가서 공부 좀 더 하고 갈래?"

　"그래도 돼요?"

"그럼! 쌤이 함께해 준다고 했잖아. 쌤은 내가 한 말은 꼭 지킨다."

그렇게 아이들을 데리고 우리 집으로 갔다. 그 시각이 12시였다. 아이들이 배가 고플 것 같아 뭐라도 챙겨주려니 집에 먹을 것이라곤 밥과 김치, 달걀 밖에 없었다. 나는 남편이 내일 아침에 먹으려고 해놓은 밥솥의 밥을 꺼내 김에 밥과 김치만 넣고 김밥을 쌌다. 반찬이라곤 달랑 김치와 계란 프라이가 전부였지만, 아이들은 마파람에 게 눈 감추듯이 한 톨도 남기지 않고 맛있게 먹어줬다.

배를 든든히 채운 아이들은 다시 공부를 시작했다. 공부를 하다 졸리면 베란다로 나가 우리 아들의 킥보드를 타며 잠을 쫓기도 했다. 도저히 잠을 못 견디겠다 싶을 때는 아파트 주변을 돌며 차가운 새벽공기에 수다까지 더해가며 잠을 쫓아냈다. 그렇게 새벽 5시까지 공부를 하고, 씻은 후 등교를 하기 위해 각자의 집으로 돌아갔다.

새벽까지 공부한 덕분인지 시험은 대박을 치기 시작했다. 시험이 끝나자 내 핸드폰은 아이들의 문자를 전하느라 하루 종일 몸을 흔들며 춤을 춰댔다.

"쌤, 90점!"

"쌤, 저 85점 받았어요. 기적이에요!"

시험을 잘 봤다는 소식이었다. 기말고사 첫날의 시험이 끝나고 학원으로 우르르 몰려온 아이들은 환호성을 지르며 흥분의 도가니에 빠졌다.

"쌤! 우리 오늘도 밤 세워 공부해요."

"네, 그래요. 김치 김밥도 먹고!"

"계란 프라이도!"

옆에서 이 광경을 보고 있던 다른 아이들은 "치사하게 너희들끼리만 밤을 샌 거냐?"며 샘을 냈고, 급기야는 자기들도 같이 하겠다며 끼워달라고 했다. 마음을 모으고 애를 썼던 아이들의 결과물, 그리고 그 결과물을 얻어낸 데 대한 성취감이 부러웠던지 다른 아이들도 덩달아 자발적으로 참여 의사를 표시한 것이었다.

기말고사의 마지막 하루를 남겨놓고 우리는 아예 학원에 모여서 학습캠프를 했다. 며칠 연속된 시험에 지칠 법도 했지만 아이들의 눈은 그 어느 때보다도 초롱초롱 빛났다. 학원에 모여 함께 3시 경까지 공부를 한 후, 아이들은 씻고 학교 갈 준비를 하기 위해 각자의 집으로 돌아갔다. 지친 몸에 혹시라도 잠이 들까봐 이내 다시 만날 약속까지 하는 아이도 있었다.

"쌤, 5시에 우리 다시 만나요."

"괜찮겠어?"

"그럼요!"

남편과 내가 차로 아이들을 일일이 집까지 데려다주었고, 우리는 다시 새벽 5시에 다시 만나 학원에서 마무리 공부를 하기로 약속을 했다. 약속 시각이 되어 나는 어둠을 헤치며 아이들을 맞이하러 갔다. 그런데 약속 장소엔 아무도 없었다. 전화를 하니 전화도 안 받는다. 모두 잠이 든 것이었다.

"너 진짜 안 잤어?"

그런데 단 한 명 깨어있는 아이가 있었다. 석 줄을 한 시간에 외워 '세 줄 한 시간'이라는 별명까지 얻은 민석이었다. 가장 걱정하던 아이가 나와의 약속을 지키기 위해 깨어있었던 것이었다. 나는 다시 전화를 걸어 나머지 아이들도 모두 깨웠다.

"죄송해요, 쌤. 지금 당장 달려갈게요!"

그렇게 마지막 날까지 온 마음을 쥐어짜서 우리는 서로를 위로하고 지지하고 파이팅을 외치며 시험공부를 마무리했다.

아이들을 모두 학교로 보낸 후 나는 감기는 눈을 어렵사리 부여잡고 시험이 끝나기만을 기다렸다. 결과를 듣지 않고는 아무것도 할 수가 없었다. 마침내 시험을 끝낸 아이들이 웅성거리며 학원으로 들어섰다. 아이들의 발자국소리에 맞춰 내 심장도 콩닥거렸다.

"쌤! 완전 대박이에요!"

나는 그제야 안도의 한숨을 내쉬었다.

"너무 신기해! 내가 90점을 받다니, 이건 정말 기적이야!"

좋은 성적을 갖고 온 아이들은 세상을 다 얻은 모습으로 한껏 들떠 있었다. 그런데 한 명이 보이지 않았다. 민석이가 없었다. 난 가슴이 철렁했다. 혹시 시험을 망친 것은 아닐까? 그렇게 노력했는데, 시험을 망쳐 아이가 실망하면 어쩌지? 온갖 걱정이 머릿속을 떠다닐 때 민석이가 학원으로 들어섰다.

"민석아, 시험 어땠어?"

나는 아이의 표정을 살피며 조심스럽게 물어보았다.

"저 두 과목 모두 만점이에요."

전교 1등 아이와 한 번 더 시험지를 맞춰보니 정말 두 과목 모두 만점이었단다. 컴퓨터에 관련된 두 과목 시험을 모두 만점을 받은 것이었다. 민석이가 가져온 놀라운 소식에 아이들은 또 다시 온몸으로 기쁨을 표현했다.

"민석아, 정말 잘 했어! 쌤은 네가 해낼 줄 알고 있었어."

민석이는 실기는 월등하지만 이론은 아주 약한 아이였다. 특히 외우기는 '세 줄 한 시간'이라는 별명을 얻을 정도로 아주 엉망이었다. 그런 아이가 밤을 새며 열심히 공부한 끝에 마침내 만점을 받아온 것이었다. 우리의 6개월은 이렇게 완전한 역전 드라마를 쓰면서 화려한 막을 내렸다.

아이들의 서로 나누고 뭉치고 격려했던 마음은 집단지성, 그 이상의 힘을 발휘했다. 그 때 모여 함께 공부했던 아이들은 한 명도 낙오하지 않고 모두 대학에 진학했고, 지금은 졸업을 한 후 직장생활을 하고 있다. 몇 년이 지난 지금 다시 생각해 봐도 참으로 예쁘고 기특한 아이들이다.

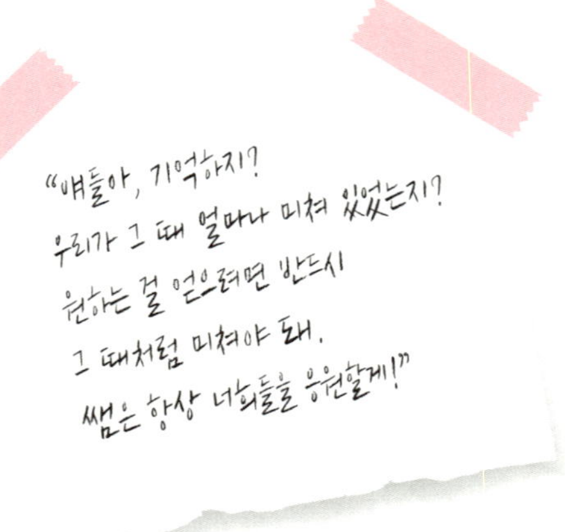

하나	공부를 하지 않는다고, 성적이 나쁘다고 포기하지 마세요. 아이가 다시 도전할 수 있도록 환경부터 만들어주세요.
둘	성적이 나쁘다고 아이의 꿈마저도 무시하지 마세요. 꿈을 잃으면 모든 것을 잃게 됩니다. 아이의 꿈을 존중해주고 지켜주며, 그것을 이룰 수 있게 도와주세요. 부족할수록 더 끝까지 함께 하며 도와주어야 합니다.
셋	아이가 선택한 친구를 존중해주세요. 때론 같은 부류의 아이들끼리 이해도가 높아 뭉치는 힘이 더 클 수도 있답니다.
넷	내가 한 말은 끝까지 지키는 모습을 보여주세요. 그러면 아이도 자신이 한 약속은 지키려 노력한답니다.
다섯	잘하든 잘하지 못하든 무조건 믿어주고 함께해주세요. 아이는 자신을 믿어주는 모습을 보고 다시 힘을 낸답니다.

세상에서 가장 강한 사람은
자신의 생각과 감정을 극복한 사람이다.
_ - 톨스토이 _

2부

감정의 늪에서 빠져나오렴

자만심, 고집, 열등감 등에서 벗어나야
나아갈 수 있다

이래 봤도
나 왕년에
우등생이었어요!

특목고를 준비했던 경험으로
자신이 우등생이라 착각하는 아이

인생을 두고 길을 걸어가는 여정이라고 비유하는 경우가 많다. 길을 걷다 보면, 걷기가 불편한 비탈길도 있고, 또 잠시 누워 쉴 수 있는 안락한 곳도 만나기 마련이다. 어쨌든 가고자 하는 곳이 있다면, 쉬더라도 잠시 머물 뿐 계속 걸음을 재촉해야 한다. 그래야 도착하니까.

인생도 마찬가지다. 평탄한 삶의 구간도 있고, 우여곡절과 고난의 시간을 감내해야 하는 순간도 있다. 그러나 멈추지 않는다. 잠시 멈추는 것이야 괜찮지만, 영원히 멈춘다는 것은 삶의 끝을 맞이한다는 의미이기 때문이다. 그래서 어려움을 겪더라도 주저앉지 말고, 잠시 숨을 고른 다음 걷고 또 걸어야 한다. 성공을 거뒀을 때도 취해 있을 수만은 없다. 여전히 걸어가야 할 인생의 길은 남아 있기 때문이다.

코닥 필름은 누구나 한 번쯤은 들어본 기업일 것이다. 필름 카메라를 쓰던 시절, 소풍을 가거나 여행을 갈 때마다 코닥 필름은 미리 준비해야 하는 사진 필름의 대명사였다. 그런데 지금은 찾아보기가 쉽지 않다. 필름을 보기도 어려울 뿐더러 이 회사의 이름마저 낯설게 여기는 사람들이 더 많다. 왜 이렇게 되었을까?

한때 필름 시장과 휴대폰 시장에서 각각 글로벌 1등 기업이었던 코닥과 노키아는 이제 더 이상 그 제품을 찾아볼 수가 없다. 그들은 왜 시장에서 사라졌을까?

이 두 회사의 공통점은 과거의 성공에 너무 도취되어 현재와 미래를 제대로 보지 못했다는 것이다. 심지어 코닥은 필름 시장을 무너뜨린 디지털카메라를 가장 먼저 만들어낸 장본인이었다. 그러나 그들은 디지털카메라를 만들어놓고도 그다지 관심을 두지 않았었다. 노키아도 마찬가지였다. 주위에서는 시장이 필름에서 디지털로, 휴대폰에서 스마트폰으로 바뀔 것이라고 경고해도 심드렁한 반응을 보였었다. 그 무엇보다도 시장이 바뀌더라도 언제든지 위기를 극복할 수 있다는 자만심을 떨쳐내지 못했다. 그들은 그동안 거둔 성공 경험을 지나치게 믿고 있었던 것이었다. 그렇지만 지금 이 두 기업은 찾아볼 수가 없다.

코닥과 노키아의 이야기는 곧 사람의 이야기이다. 이런 결과를 낳은 것은 바로 그 회사의 경영진이다. 그들이 지난 성공에 도취되어 과거의 영광에 머물러 있었던 대가로, 그들은 신화의 주인공이 아닌 몰락의 상징이 되고 말았다. 그들은 이미 지나간 성공에서 멈추고 만 것이었다. 그들이 가진 자부심은 물론 크다. 성공을 경험한 사람들이 가진 자부심을 부정할 필요는 없다. 다만, 그 자부심에 도취한 나머지, 나도 모르게 뒤쳐지는 꼴을 당하지 말고, 그 자부심을 또 한 번의 영광을 만들어낼 동력으로 삼아야 한다.

자부심은 또 다시 할 수 있다는 자신감으로, 그 자신감은 또 한 번의 도전과 실행으로 이어져야 한다. 그래서 과거의 성공에 안주하여 시선을 묶어두지 말고, 현재를 바라보고 집중하는 것이 중요하다. 그래야 뒤쳐지지 않을 뿐만 아니라 더 나은 성과를 얻을 수 있다.

아이들을 코칭하다 보면 성적별로 두드러진 특징들이 눈에 보인다. 공부를 잘하는 우등생들은 대체로 건방지다. "내가 누군데!"라며 지나친 자만심으로 타인의 조언을 귓등으로 흘려버린다. 성적이 중간 정도 되는 아이들은 근자감, 즉 근거 없는 자신감으로 요리조리 핑계를 대며 게으름을 피우다가 결정적인 순간에 한 방을 노리기도 한다.

고등학교 2학년 때 만난 진욱이는 중학교 시절 특목고를 준비했던 경험에서 나온 자만심을 버리지 못한 아이였다. 게다가 고등학교 진학 이후 뚝 떨어진 성적을 "난 언제든지 만회할 수 있어!"라는 근거 없는 자신감으로 버티며 게으름만 피우고 있었다. 진욱이를 관찰하며 나는, 아이에게 상처를 주지 않으면서 자만심과 근거 없는 자신감을 깨부수는 것이 내게 주어진 숙제라는 것을 알았다.

내가 원래 공부를 잘했던 사람이거든요!

오랜만에 친구들과 점심을 같이 하며 이런저런 이야기를 하던 중에 내가 코칭하는 아이들에 대한 이야기가 나왔다. 친구들은 티칭을 전혀 하지 않는 시스템에서 그런 성과가 나왔다는 것에 놀라기도 하고 신기해하기도 했다. 그러다 결국, 내가 운영하는 학원을 직접 둘러보고 싶다는 말까지 나왔다. 아무래도 대부분이 중·고등학생 자녀를 둔 학부형이다 보니 차별화된 시스템으로 운영되는 학원에 관심을 가지는 것은 당연했다.

학원에 들러 아이들이 공부하는 환경을 직접 확인한 후, 친구 중 한 명이 학습 시스템에 대한 자세한 설명을 부탁했다. 나는 내가 코칭하는 시스템에 대해 상세히 설명했고, 친구는 그것이 마음에 들었는지 고등학교 2학년인 자신의 아이를 당장 내게 맡기겠다고 했다.

"그런데 우리 진욱이한테는 학學이 아니라 습習이 필요해. 중학교 때 특목고를 준비한 아이라 기본이 아주 탄탄해. 지금은 과탐과 영어는 수능준비가 이미 끝났고, 수학도 미적분 II는 끝났어."

말이 채 끝나기도 전에 함께 온 친구들은 모두 부러운 눈으로 그 친구를 쳐다보았다.

"그런데 이놈이 더 이상 공부를 안 해 미치겠어. 이전에 어렵게 준비했던 것들이 말짱 도루묵이 될 상황이야. 네가 우리 진욱이 좀 어떻게 해 봐."

"좀 전에도 말했지만, 난 티칭은 안 해. 단 한 문제도 가르쳐 주지 않아. 공부는 독학이거든. 그래서 아이 스스로 공부할 수 있도록 현재의 상태를 체크해 주고 동기를 부여해주는 마음코칭을 하지. 괜찮겠어?"

"그러니까 하는 거야. 우리 진욱이는 그런 것이 필요해. 내일 당장 보낼게."

진욱이는 정말 그 다음 날 바로 학원으로 왔다. 진욱이는 명랑하고 쾌활한 성격에 에너지가 넘쳐서 수다 떨기도 좋아하는 아이였다. 그동안 보습학원 위주로 다녔던 아이라 처음에는 '이 분위기는 뭐지?' 하는 어리둥절한 모습을 보였지만, 자기 본연의 성격을 살려 금세 친구들과 친해졌고 학원 분위기에도 잘 적응했다. 공부할 때 앉아 있는 시간도 충분하고 문제를 푸는 양 또한 만족스러웠다.

그렇다면 과연 뭐가 문제일까? 왜 진욱이 엄마는 이 아이에 대해 걱정을 그리도 많이 하는 걸까? 특목고를 준비했던 아이라면 기본기도 충분할 텐데 무엇이 문제일까? 이 아이의 잠재역량, 강점은 무엇이며, 어떤 자극에 반응하고 움직일까? 별다른 문제가 보이지 않는 것이 문제였기에, 나는 다양한 각도로 접근하며 더욱 세심하게 진욱이를 관찰해 나갔다.

사실 이러한 모습은 공부를 잘하던 우등생이나 특목고를 준비하던 아이들이 보이는 공통된 단점이기는 했다. 소위 말하는, 한때 잘나가던 아이들 중 상당수가 과거의 영광에 심취된 나머지 근거 없는 자신감만 높다는 것이다. '나 원래 잘 했던 사람이거든!' 하면서 자신의 현재 위치를 인정하지 않는데다, '난 잘해. 금방 따라잡을 수 있어!'라며 오만하기까지 하다. 당장은 마음이 편할지 모르지만, 이러한 근거 없는 자신감은 결국엔 더 나은 미래를 향한 발걸음을 가로막는 묵직한 쇠사슬임에 분명하다. 나는 혹여나 진욱이가 그런 자만심에 빠져 있는 것이 아닌지 염려스러웠다. 만약 이러한 염려가 사실이라면 과거와는 확연히 달라진 자신의 현 상황을 진욱이에게 인지시키고 변화를 끌어내야만 했다. 특히 우등생이었던 경험이 있는 아이들은 공부를 못하는 아이보다 자존심이 센 편이라, 그 과정이 자칫 상처가 될지도 몰라 훨씬 조심스럽게 접근해야 했다.

늦은 거 아니죠? 다시 도전하고 싶어요!

진욱이를 지속적으로 관찰했지만 특별한 문제도 없는 상황이라 타이밍을 잡기가 무척 어려웠다. 진욱이는 중간고사가 끝난 직후 우리 학원에 왔으므로, 성적을 가지고 이렇다 저렇다 말을 할 수도 없었다. 그러던 중 성적이 저조한 한 학생이 자기의 화학 점수가 진욱이보다 0.2점이나 높게 나왔다며 자랑을 했다. 확인을 해보니 이 아이가 잘 했다기보다는 진욱이가 터무니없이 낮은 점수를 받은 것이었다. 순간, 나는 여전히 자신이 우등생인 줄 착각하는 진욱이의 근거 없는 자신감을 무너뜨릴 좋은 타이밍이라는 생각이 들었다.

"뭐라고! 형한테 화학 II까지 미리 배웠다는 녀석이 뭐가 이래?"

"아니, 선생님 그게 아니고요…. 아휴, 미치겠다."

"도대체 어떡하면 이런 점수가 나오니?"

나는 흥분해서 목소리 톤이 올라가고 있었다.

"아휴, 저도 미치겠어요. 공부를 진짜 안 했나 봐요. 그런데 저는 수시로 갈 거니까 내신은 필요 없지 않나요?"

진욱이는 그 와중에도 자기합리화를 하고 있었다.

"이런 짱구를 봤나? 네가 입시를 모르는구나!"

답답한 마음에 나는 즉시 입시 미니특강을 시작했다. 정시와 수시의 차이, 정시를 준비하면서도 내신이 중요한 이유를 자세히 설명해 주었다. 수능 만점을 받고도 서울대 의대를 지원해서 떨어진 학생의 사례까지 들어주자, 자신의 현실이 그제야 인지되는지 진욱이는 땅이 꺼져라 한숨을 내쉬었다.

"그러면 전 이제 망한 건가요?"

"그럼, 당근 망했지."

내 말에 진욱이는 연신 한숨만 쉬고 있었다. 아이에겐 조금 미안했지만, 아이의 자만심을 무너뜨리기 위해서는 과거의 영광과 관련된 모든 것을 내려놓게 만들어야만 했다.

진욱이의 변화와 발전을 위해서는 크게 두 단계의 전략이 필요했다. 그 1단계는 우선 '현실 파악 후 잔뜩 긴장감 주기'였다. 땅이 꺼져라 한숨을 내쉬는 아이를 보며 나는 그쯤에서 1단계를 멈췄다. 너무 강도를 세게 했다가는 2단계로 가기도 전에 이미 아이가 자포자기할 수도 있기 때문이었다. 아이의 긴장감과 에너지를 최고로 올리는 것이 이번 전략의 포인트이기에 나는 곧바로 2단계로 들어갔다. 2단계는 '절박하게 만들어 정신없이 달리게 만들기'였다.

"이젠 왜 네가 공부를 열심히 해야 하는지를 알았지?"

내 말에 진욱이는 고개를 끄덕였다.

"선택해! 포기할래? 다시 도전할래?"

"도전이요! 도전할게요!"

진욱이는 한 치의 망설임도 없이 다시 도전하겠다고 했다. 그리고는 자신이 아직 늦지 않은 것인지, 지금이라도 공부를 다시 시작하면 되는 것인지 물었다.

"당연하지! 이제 겨우 고2 중간고사를 봤잖아. 지금 시작해도 절대 안 늦었어. In 서울 하려면 내신이 최소 2등급은 돼야 해. 중간고사는 망했으니 기말고사 전략을 짜고 몇 점까지 올릴지 목표를 정한 다음에 도전해보자."

"네. 저 정말 열심히 할게요. 너무 후회 돼요. 괜히 놀았나봐요."

진욱이의 진심어린 후회에 나는 이제라도 알았으면 됐다며 격려를 해주었다. 엄마에게는 비밀로 해달라는 아이의 부탁을 들어주는 조건으로, 나는 거듭 열공의 약속을 받아냈다.

"네. 정말 열심히 할게요. 엄마 만나시면 엄마께도 희망적인 말씀을 해주세요. 진욱이가 정신 차리고 정말 열심히 한다고, 지금부터 해도 늦지 않는다고 꼭 말씀해주세요."

"알았어. 꼭 그렇게 말해 줄게. 대신 엄마 아시기 전에 반드시 점수 올려야 된다."

나는 아이에게 절대 방심해서는 안 된다는 말도 덧붙였다.

"네가 특목고를 준비하며 열심히 실력을 쌓았던 것은 이미 지난 과거의 일이다. 그런데 이러한 사실을 인정하지 않고 방심하다가는 하루하루 꾸준히 공부하는 중위권 아이들에게 밀려나는 건 시간문제다."

진욱이는 내 말에 연신 고개를 끄덕였다.

진욱이는 다음날부터 정말 공부에 열중하기 시작했다. 방치하고 무시했던 수행평가도 열심히 챙기며 내신을 꼼꼼히 다져갔다.

"선생님, 저 생물 수행 만점이예요!"

진욱이는 뛸듯이 좋아하며 한 계단 한 계단 올라갔고, 지금도 그 때의 마음을 기억하며 자만하지 않고 긴장감과 절실함으로 자신을 채우며 목표를 향해 뚜벅뚜벅 나아가고 있다.

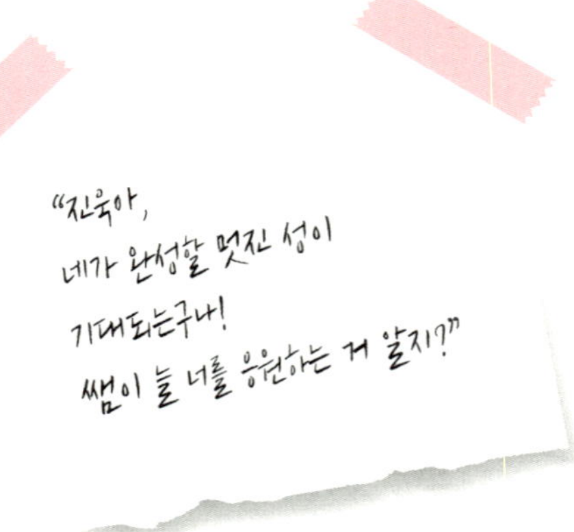

 울림이 있는 공부는 절대 배신하지 않는다

하나	공부를 잘했던 성공경험이 있는 아이들은 반드시 자만심을 체크해 보아야 합니다. 성공이 자신감이 아닌 자만심으로 변형되면 다음 도전에는 성공보다는 실패가 기다리고 있을 위험이 큽니다.
둘	잘했던 아이, 그래서 금방 따라 잡을 수 있는 아이라는 기억을 지우세요. 학년이 높아질수록 공부의 양과 난이도는 높아집니다. 꾸준히 달리지 않는다면 목표지점은 점점 멀어질 뿐입니다.
셋	자만심은 무너뜨리되 자존심은 지켜주세요. 마음에 상처를 받으면 의욕을 잃어 아무것도 못할 수 있기 때문입니다.
넷	자신의 현 상황을 아주 냉정하게 인지시켜 주세요. 이런 경우에는 가능한 한 정확하고 타당성이 있는 근거 자료를 제시해야 아이가 스스로 납득할 수 있습니다.
다섯	도전할 것인지, 포기할 것인지를 아이 스스로 선택하게 하세요. 이 때 아이가 도전을 선택하면 지지와 응원을 확실히 해주세요.

난 코칭 같은 거
필요 없어요

영어 단어 하나 안 외우면서
영어학원에 보내달라는 아이

흔히들, 진심은 언젠가는 통하기 마련이라고 한다. 하지만 진심도 통하지 않을 때가 있다. 표현하지 않고 내 안에만 꽁꽁 담아두면 상대는 결코 내 진심을 알지 못한다. 실화를 바탕으로 한 영화 〈블라인드 사이드〉를 보면, 평소에 아무리 사랑스럽게 대해도 진심을 표현하지 못하면 오해를 낳고, 그 오해 때문에 모두가 힘들어하는 것을 볼 수 있다. 주인공 마이클 오어는 마약 중독으로 양육 능력을 상실한 엄마 때문에 이곳저곳을 떠돌며, 초겨울에도 반팔 티셔츠로 지내야 하는 흑인 학생이다. 우연히 이 모습을 본 백인 중산층 부인인 리 앤 투오이와 가족들은 마이클을 자신의 집에 데려와 돌봐준다. 미식축구에 재능이 있다는 것을 알게 된 백인 부부는 마이클이 운동에 전념할 수 있도록 해줄 뿐 아니라, 가정교사까지 붙여주며 공부도 시켰다.

화목한 가정과 가족들을 얻게 된 마이클은 경기에서 두각을 나타냈고, 마침내 여러 대학에서 스카우트 제의를 받는다. 백인 부부는 명문이자 미식축구에서도 뛰어난 팀을 보유한 자신들의 모교를 추천하고, 모두가 그 대학에 가는 것을 자연스레 받아들이는데, 대학체육연맹에서 조사관이 나와 마이클에게 꼬치꼬치 캐묻는 일이 벌어졌다. 백인 부부가 오갈 데가 없는 흑인 학생을 돌봐준다는 명분으로 데리고 있으면서 자신들의 모교로 보내려는 것이 아니냐는 것이었다.

마이클도 이 말에 흔들렸고, 자신을 돌봐준 리 앤을 의심하고 집을 나가버린다. 뒤늦게 이 사실을 알게 된 리 앤은 마이클을 찾아 나섰다. 그리고 그에게 자신의 진심을 말한다.

"It's your decision, it's your life."

이 말 한 마디에 마이클은 리 앤의 진심을 알게 됐고, 짧은 방황을 끝내고 다시 집으로 돌아온다.

사실 영화를 보고 있으면, 굳이 말하지 않아도 저렇게 잘해주는데, 왜 오해를 할까 하고 안타까운 마음이 들기도 한다. 그러나 굳이 말하지 않아도 알 것이라는 것은 착각에 불과하다. 상자 안에 무엇이 들었는지는 상자를 열어보지 않는 이상 알 수가 없다.

물보다 진하다는 피를 나눈 부모와 자식 사이도 예외가 아니다. 자식을 사랑하지 않는 부모가 어디 있겠는가? 하지만 그 마음을 말이나 행동으로 표현하지 않으면, 내 속에서 낳은 자식도 그 마음을 알아주지 않는다.

초등학교 저학년 때부터 가출을 밥 먹듯이 하는 아이가 있었다. 물론 아직 어린 아이다보니 집에서 아주 멀리 떨어진 곳으로 가거나 심각한 문제를 저지르지는 않았다. 하지만 한 번 집을 나가면 할인마트의 시식코너에서 식사를 해결하고 PC방에서 잠을 자는 등 집에 들어올 생각을 하지 않으니 부모는 애가 탔다.

결국 아이는 심리 상담까지 받게 됐는데, 아이는 잦은 가출의 이유에 대해 다름 아닌 "엄마가 그걸 원하기 때문"이라고 답했다고 한다. 자기가 엄마 마음에 들지 않는 행동을 할 때마다 엄마는 "집에서 나가!"라고 소리를 질렀다는데, 아이는 정말로 엄마가 자신이 집을 나가기를 원하는 줄 알았다는 것이다. 울먹이는 아이의 고백에 엄마는 가슴이 무너져 내리는 아픔을 느꼈다고 한다.

엄마가 뒤늦게 "내가 얼마나 너를 사랑하는데"라고 말해봤자, 아이의 가슴에 아로새겨진 상처는 지우기가 힘들다. 그렇더라도 말과 행동으로 지속적인 표현을 해야지만 아이의 상처를 다독이고 아이를 올바르게 인도할 수 있다. 진심은 분명 상당한 힘을 가지고 있지만, 표현하지 않는 진심은 불이 켜지지 않은 양초와도 같다. 양초는 불이 켜져야 비로소 촛불이 되듯, 진심 역시 상대에게 표현해야지만 비로소 진정한 소통이 이루어지는 것이다.

코칭을 하다보면 늘 내 코칭에 만족하는 아이만 있는 것은 아니다. 고등학교 1학년인 현석이 역시 어머니 손에 이끌려 코칭을 받으러 온 탓에, 호시탐탐 그만둘 핑계만을 찾고 있던 아이였다. 성적이 향상된 것도 자신의 노력 때문이지 코칭의 효과는 아니라고 자만했다. 그러던 아이의 마음이 어느 날 갑자기 봄눈 녹듯이 녹아내려 나를 믿고 의지하며 따라오기 시작했다.

영어학원에 보내주세요!

자기주도 코칭을 6개월여 하는 동안 현석이는 4등급이었던 성적이 2등급 후반까지 향상되었다. 하지만 현석이는 자신의 성적이 향상된 것은 오롯이 자기 노력의 결과이지 코칭과는 무관하다고 굳게 믿으며 무척이나 자신감이 넘쳐 있었다.

하루는 현석이 어머니께서 학원을 찾아오셨다. 현석이가 코칭을 끊고 영어학원에 보내달라고 조른다며 어찌해야 할지를 물으셨다.

"어머님, 현석이는 겨울방학에 저랑 영어단어를 조금 외운 것을 빼곤 영어공부를 전혀 하고 있지 않아요. 더 이상 영어단어조차 외우질 않아요. 실력이 부족한 것보다는 아예 노력조차 하고 있지 않은 것이 가장 큰 문제입니다."

다소 충격적인 일일지 모르지만 나는 아이의 현재 상황을 정확하게 전달하는 것이 어머니가 올바른 판단을 내리는 데 도움이 될 것이라 여겼다. 그래서 그동안의 학습현황과 태도, 마음가짐 등을 사실 그대로 일러바치는 일명 '고자질 대화법'을 시작했다.

"정말이에요?"

예상대로 현석이 어머니는 무척이나 놀라는 눈치였고, 어떤 결정을 내리는 것이 아이를 위하는 것인지 몰라 혼란스러워 하셨다.

"성적이 4등급에서 2등급 후반으로 향상된 현석이가 지금 영어학원이 필요할까요?"

"현석이가 자꾸만 영어학원에 보내달라고 해서요. 어떻게 하면 될까요?"

영어실력이 부족하니 학원을 보내달라는 아들의 말에 고민이 많으셨던 듯 했다.

"어머님, 지금부터는 전략이 필요합니다. 혹시 현석이 생활기록부 한 번 보셨나요?"

"아니요. 그걸 봐야 하나요?"

나는 얼마 전 현석이의 동의로 출력해둔 생활기록부를 어머니께 보여드렸다.

"어떠신가요? 어머님께서 대학교 입학사정관이시라면 현석이를 뽑으시겠어요?"

"네, 저라면 뽑을 것 같은데요."

"저는 안 뽑아요."

나의 단도직입적인 말에 현석이 어머니께서는 당황해 하셨다.

"제 아들의 생활기록부를 보시겠어요?"

나는 아들의 생활기록부를 보여주며 현석이와 어떤 차이가 있는지를 어머니께 물었다.

"좀 다른 것 같긴 한데, 정확히는 모르겠네요."

"어머님, 제 아들은 공부보다는 개성이 뚜렷한 아이예요. 그런데 현석이
는 아주 성실한 모범생임이 생활기록부에 한 눈에 보이잖아요. 그래서 저
희 아들은 성적 보완을 위해 비교과 활동을 많이 해야 하고, 현석이는 비교
과보다는 공부에 재능이 많으니 공부를 선택하는 편이 훨씬 자신을 드러내
는 데 효과적이에요."

나는 현석이 어머니의 객관적인 판단을 돕기 위해 아들에게는 무척 미
안하지만 아들의 생활기록부를 보여주는 초강수를 두어야 했다. 그제야 현
석이 어머니는 나에게 속마음을 털어놓으셨다.

"사실 저는 우리 현석이가 전교 1등을 했으면 좋겠어요. 조금만 더 열심
히 하면 가능할 것도 같은데…."

"맞아요, 어머님. 저도 현석이를 전교 1등으로 만들고 싶어요."

사실 그동안 시도를 안 한 것은 아니었다. 그런데 현석이는 내가 조금만
더 공부하자, 쌤이 일요일에 시간이 있으니 같이 공부하자고 하면 얼굴부
터 찡그리니 어찌 할 수가 없었다. 내 시간을 아이에게 내어주면서까지 도
와주려 해도 정작 현석이가 그럴 마음이 없으니 나로서도 답답한 노릇이었
다. 나는 이런 나의 솔직한 심정을 현석이 어머니에게 말씀드렸다.

"어머님, 제가 제 아들의 생활기록부까지 보여드린 것은 제 아들보다 공
부에 재능이 많은 현석이가 아직 자신의 역량 중 10%도 안 쓰고 있다는 걸
알려드리고 싶어서예요. 현석이가 제 마음을 좀 알아주었으면 좋겠어요."

솔직히 내 마음이 그랬다. 아이들을 코칭하며 가장 절망스러운 순간이
그 녀석들이 내 마음을 몰라 줄 때다. 녀석들의 일거수일투족에 울고 웃고

하는 내 마음이 전해지지 않는지, 현석이처럼 내 품에서 벗어날 기회만 노리는 아이들을 볼 때면 마음이 아려왔다.

"어휴, 선생님이 이렇게까지 자기를 위하고 걱정하는지도 모르고 …."

"저는 현석이가 '쌤' 하면서 웃으며 왔으면 좋겠어요. 나랑 함께 공부하는 게 즐겁고 신났으면 좋겠어요."

"선생님 정말 죄송해요. 그리고 너무 감사해요."

현석이 어머니는 내가 자기주도 코칭뿐만 아니라 무료로 입시 컨설팅까지 해준다는 사실에 무척이나 미안해하고 고마워하셨다. 하지만 나는 그것이 입시 컨설팅이라는 생각까지는 하지 않았다. 아이들의 현재와 미래를 연결지어 코칭하다 보니 자연스레 이어지는 당연한 과정으로 여겼다.

"아휴, 아니에요. 영어단어 하나 외우지 않으면서 영어학원에 가겠다는 현석이가 너무 안타까워서 제 솔직한 마음을 말씀드린 것뿐이에요."

"그럼 영어학원은 보내지 말까요?"

"무조건 안 보내는 것이 아니라 때에 맞는 전략을 짜는 편이 나을 듯합니다. 어머님 이렇게 해 보시면 어떨까요?"

나는 지금은 중간고사기간이라 학원보다는 우선 내신에 집중하는 편이 나을 듯하다고 조언을 드렸다. 특히 현석이는 영어 성적이 나쁘지 않으니 영어 본문을 통째로 외워보고, 본문에 대한 이해와 연습에 집중하는 것이 좋겠다고 했다.

"영어학원 등의 도움은 방학에 받는 게 어떨까요? 문제를 200문제 풀고 모르는 문제만 설명해 주실 수 있는 선생님께 도움을 받는 것이죠. 지금 학

  울림이 있는 공부는 절대 배신하지 않는다

원에 가서 똑같은 수업을 받는 것보다 현석이에게 맞는 맞춤식 방법을 찾아 시간을 절약해 주는 편이 더 좋을 것 같네요."

지금 현석이에게 가장 중요한 것은 시간을 절약하고 최대한 '학'이 아닌 '습'을 하는 시간을 확보하는 것이라고 강조했다. 다행히 현석이 어머니께서는 엉켜있던 생각이 잘 정리가 되었다며, 앞으로도 잘 부탁드린다는 말씀을 하시고는 한결 편안해진 얼굴로 돌아가셨다.

엄마 마음이 느껴져요, 나도 열심히 할게요

사람의 마음을 움직이는 가장 강력한 힘은 진심이다. 거짓이 없는 참된 마음으로 상대를 대하다보면 결국엔 꿈쩍도 하지 않을 것 같았던 상대의 마음이 움직이고 태도가 변한다. 무심함으로 일관하던 현석이 역시 어머니와 나의 진심에 마음을 열고 최선을 다하는 모습으로 변화되었다.

나와 상담을 하고 가신 뒷날부터 현석이 어머니는 더욱 적극적으로 아들에 대한 당신의 진심을 보여주셨다. 직장에 다니시는 데도 오후 근무가 아닌 날은 손수 따뜻한 저녁밥을 지어 가지고 현석이에게 전해주러 오셨다. 혹시라도 아들이 배가 고플까봐 급히 만들어 오시느라 얼굴엔 땀이 송골송골 맺혀 있는 날도 있었고, 옷에 양념이 묻어있는 날도 있었다.

"어머님, 이렇게까지 안 하셔도 되요. 직장에서 일하시고 오셨는데 매일 현석이 저녁까지 손수 챙기시면 너무 힘들잖아요."

"아니에요. 힘든 거 전혀 없어요. 공부하느라 힘든 아들을 위해 해줄 수 있는 게 이것 밖에 없어 미안하고 안타까울 뿐이에요."

현석이 어머니는 옆에서 보기에도 아들 사랑이 대단하신 분이셨다. 대한민국에서 고등학생으로 살기 위해서는 밥 먹는 시간도 아껴야 한다는 주위의 말에, 현석이 어머니는 아들의 저녁밥을 챙겨 직접 학원까지 가져오셨다. 나는 이런 어머니의 마음을 현석이에게 전해주었다.

"이 녀석아, 어머니가 직장에서 일하시고 오셔서 잠시 쉬시지도 못하고 부랴부랴 네 저녁밥을 챙겨 오시는 일이 얼마나 힘든 일인 줄 알기나 아니? 나도 일하는 엄마라 알아. 먹는 너는 아무것도 아니지만 회사일 마치고 밥까지 해서 학원으로 가져오는 것은 사실 엄청나게 힘들고 피곤한 일이야. 넌 어머님께 항상 감사드려야 해."

마음은 넘치지만 몸이 힘들면 그것을 제대로 표현하지 못할 때가 많다. 그런데 현석이 어머니는 힘들고 피곤한 와중에도 꽤 오랫동안 아들의 밥을 해가지고 오셨다. 아들을 도와줄 수 있는 것이 이것뿐이라 안타까워하시던 어머니의 마음이 현석이한테도 전해졌으면 하는 바람에, 나는 기회가 있을 때마다 어머니께 감사해야 하는 마음을 일깨워줬다.

한편 현석이 어머니는 집에서 현석이에게, 내가 얼마나 저를 걱정하고 위하는지 그 마음을 전해주셨다고 한다. 그래서 일까, 얼마간의 시간이 지나자 현석이는 변화를 보이기 시작했다. 어머니가 저녁을 해 오셔도 늘 무심하게 반응하던 아이가, 언젠가부터 어머니가 오시면 목소리가 부드러워지고 미안해하는 태도를 보였다. 아이의 마음이 움직이기 시작한 것이었다. 나는 그 타이밍을 놓치지 않았다.

"어머님, 이제 그만 하세요. 너무 힘드세요. 현석이도 어머니의 진심을 충분히 느끼고 있을 거예요. 그렇지 현석아?"

"네."

아들의 짧은 말 한 마디에 어머니는 밥을 가지고 오시는 일을 그만두셨다. 그 후 어머니는 더 이상 학원에 오시지 않았지만, 나는 어머니의 마음을 쉬지 않고 현석이에게 되새김질을 해주었다. 연애를 하는 남녀 사이에는 '밀당'이니 뭐니 하며 사랑을 감추는 행동도 필요하다지만 부모와 자식 사이에는 그런 것이 필요 없다. 사랑하는 감정을 더 많이 표현하면 할수록 좋은 것이기에, 나는 아낌없이 어머니의 마음을 전해주었다.

온몸으로 아들을 위하시던 어머니의 진심 덕분에 현석이는 스스로 더 열심히 하는 모습을 보이기 시작했다. 일주일 정도 영어 본문 암기 테스트를 한 후에는 테스트를 하지 않아도 혼자 열심히 외우고 또 외우고 있었다. 뿐만 아니다. 다른 공부에도 변화를 보이기 시작했다. 노트 정리만 열중하던 기존의 방법을 줄이고 문제풀기와 노트 정리, 외우기, 학교 학습지를 확인하는 반복적인 패턴으로 공부법에 변화가 시작되었다.

'드디어 되는구나!'

나는 아이의 모습을 보며 비로소 흐뭇한 미소를 지었다.

고2가 된 후 첫 중간고사 시험이 끝나고 나자 현석이로부터 쉴 새 없이 기쁜 소식이 날아왔다.

"쌤! 저 물리 90점이요. 작년 전교 1등도 저보다 점수가 낮아요!"

"오호! 진짜?"

물리는 이과에선 좋은 점수를 받기 어려운 과목이다. 다른 아이들은 물리 점수가 추운 겨울날에 수은주가 내려가듯 모두 떨어졌다고 한다. 겨울 방학에 자습서 한 권으로 혼자 독학한 과목이라 현석이의 성취감은 하늘을 찌르고 있었다.

"저 이제 머리도 안 아파요. 헤헤헤."

시험 전 날 초조함과 불안함 때문에 두통을 호소하며 집에 갔던 아이가, 만족스런 성적을 얻자 몸도 마음도 가벼워진 것이었다.

첫날 얻은 성취감은 마지막 날까지 힘이 되어 주었다. 머리도 안 아프고 집에 간다는 소리도 없이 열공하는 모습을 보였다. 예상대로 현석이는 둘째 날도, 셋째 날도 두 과목이나 100점을 맞으며 승승장구 했고, 마침내 8과목 중 5과목이나 1등급을, 나머지 3과목은 2등급을 받는 놀라운 성과를 거두었다.

스스로 납득할 수 없는 것을 강요당했을 때 아이들은 무심함이나 반항 등으로 일관하며 일단 그것에서 벗어나려 애쓴다. 현석이 역시 왜 코칭을 받아야 하는지 그 필요성에 대해 스스로 납득하지 못할 때에는 어떻게든 나에게서 벗어나려고만 했었다. 영어단어조차 외우지 않으면서 영어학원에 보내 달라 조르기도 하고, 심지어 성적이 올라도 그것이 저 혼자 잘나서 이룬 결과라며 코칭의 효과를 전혀 인정하려 하지 않았었다. 그런 현석이가 변했다. '진심' 앞에 얼었던 마음이 녹아내린 것이었다.

마음이 움직여야 행동이 나오고, 행동이 나와야 바라던 것을 얻을 수 있다. 그런데 마음은 누가 움직이길 강요할수록 더욱 강하게 버티며 꿈쩍도 하지 않는다. 심할 경우 부러지기까지 한다. 그래서 진실한 마음으로 따뜻하고 은근하게 보듬어주면서 자연스런 변화를 유도해야 한다. 현석이 역시 자신의 학습 태도나 마음가짐에 대해 야단치고 강요를 했었더라면 거칠게 부러졌을지도 모른다. 늘 한결같은 모습으로 어머니와 나의 사랑과 관심을 전했던 것이 현석이의 마음을 움직이는 데 큰 도움이 된 것 같다.

"현석아,
너를 진심으로 위하고 사랑하는
사람들이 많다는 거 알지?
쌤도 그 중 한 명이란 거
꼭 기억해줘~"

하나

'하기 싫다!'고 말할 때 곧이곧대로 받아들이기보다는 우선 아이의 진짜 속마음을 알아보세요. 싫다고 말하지만 속마음은 다를 수 있답니다. 예컨대 현석이처럼 자기주도 코칭을 받는 것이 싫다고 말하지만 그것은 단순히 하기 싫어서 나오는 핑계일 수도, 별다른 효과를 느끼지 못해서 일 수도, 그냥 자기 마음대로 하고 싶어서 일 수도 있습니다. 진짜 속마음을 알아야 대처하는 방법도 다르게 접근할 수가 있답니다.

둘

아빠나 선생님, 때로는 친구 등 타인의 도움을 받는 것도 아이의 마음을 움직이는 데 효과적입니다. 합동작전으로 서로의 진심을 전해준다면 아이의 마음을 더 빨리 움직일 수 있답니다.

셋

얼마나 관심을 갖고 있는지를 표현하세요. 표현하지 않는 진심은 결국엔 오해를 낳는답니다. 관심과 사랑을 적극 표현하세요.

넷

헌신적인 모습으로 감동을 줘서 미안하게 만드세요. 부모에게 받는 것이 당연하다 여겼던 아이들도 부모의 희생과 헌신 앞에선 미안해지기 마련입니다. 그 미안한 마음이 잘하려는 마음으로, 잘하려는 마음이 결국엔 진짜 잘하는 행동으로 이어진답니다.

다섯

반드시 결과를 만들어주세요. 그래야 아이는 엄마의 말에 믿음이 생깁니다. 엄마 말을 들었더니 자다가도 떡이 생기더란 것을 확인시켜준다면 어느덧 아이들은 엄마의 말을 따르는 것을 즐기게 된답니다.

당당하고 멋진 진짜 리더가 되고 싶어요

리더가 되고 싶지만
뜻대로 되지 않아 문제 행동을 하는 아이

문제가 되는 행동을 하는 아이들 중 상당수가 자신의 마음 속의 바램이나 욕구가 제대로 충족되지 않아 마음과는 달리 엉뚱한 방향으로 행동을 표출하는 경우가 많다. 잘하고 싶은데 잘 되지 않으니, 괜히 짜증을 부리고 화를 내는 것과 같은 이치이다. 자기주도 코칭은 마음과 행동이 불일치하는 것을 일치되도록 바꿔줌으로써 동기부여를 하고, 스스로 목표를 설정하게 하여 열심히 달릴 동력을 키워주는 것이다. 그 과정에서 상처받았던 마음은 점차 치유되고 문제 행동 역시 자연스레 교정된다.

자기주도 코칭에서 중요하게 생각하는 것이 바로 '마음 읽기'이다. 아이가 무엇을 바라는지, 무엇을 못마땅해 하는지 등의 마음 상태를 제대로 알아야 그것을 해결할 수 있는 올바른 방향을 찾아갈 수 있기 때문이다. 아이의 마음을 읽기 위해 내가 주로 사용하는 기법은 관찰과 대화이다. 관찰은 아이의 마음을 미루어 짐작할 수 있게 하여 주고, 대화는 그것을 확신으로 이끌어준다. 물론 대화의 과정에서 미처 짐작하지 못했던 새로운 정보를 얻기도 한다.

대화를 할 때 가장 중요한 태도는 경청이다. 특히 상대의 마음을 알아가는 초기 단계의 대화에서 상대의 말을 경청하지 않으면 그 마음을 알기가 어렵다. 귀만 열려 있는 수동적인 경청이나 중간에 상대의 말을 자르고 자신의 생각을 이야기하는 것은 자칫 상대의 입과 마음을 닫게 할 위험이 있다.

사람들로부터 인기와 존경을 한 몸에 받고 있는 방송 진행자들은 대부분 말을 잘하는 것보다 듣기를 잘하는 것을 중요하게 생각한다. 인기 MC인 유재석씨가 오랫동안 사람들로부터 사랑을 받고, 또 주위의 연예인들이 그가 하는 프로그램에 출연하려고 하는 이유도 경청의 힘 때문이다. 그는 출연자들을 배려하고 캐릭터나 재미를 살릴 수 있도록 해주는 것으로도 유명한데, 그의 배려와 재능을 돋보이게 하는 것이 다름 아닌 경청이다.

유재석은 출연자들이 지루한 이야기를 늘어놓아도 함부로 말을 끊거나 무시하지 않는다. 오히려 상대의 이야기 안에서 적절한 재미를 찾아낸다. 그래서 어설프게 끼어들기보다 호응을 해주며 이야기를 들어준다. 그러다가 말하는 당사자도 예상치 못한 부분에서 웃음을 이끌어내어 캐릭터를 살려줌으로써 누이 좋고 매부 좋은 결과를 낳는다. 심지어 무명에 가까운 후배들의 이야기에도 귀를 기울여주기 때문에 후배들도 그를 잘 따른다고 한다.

프랑스의 철학자 피에르 쌍소는 그의 저서 「느리게 산다는 것의 의미」에서 "누군가의 이야기를 들어준다는 것은 타인을 위로한다는 것 이상의 의미를 갖는다. 우리는 타인의 말을 들어줌으로써 그를 최고의 상태에 이르게 할 수 있다."고 했다.

상대의 이야기를 들어준다는 것은 그의 마음을 알아주고 공감한다는 의미이기도 하다. 특별한 조언이나 위로가 없어도 고개를 끄덕이며 내 말을 들어주는 사람이 있다는 것만으로도 아이들은 다친 마음을 치유하고 힘을 내어 다시 자신의 길을 갈 수 있게 된다.

고등학교 1학년인 주환이는 리더가 되고 싶은 마음이 아주 강한 아이였다. 하지만 자신의 바람과는 달리 친구들 사이에서 점점 존재감이 줄어들자 거짓말을 하거나 거친 행동을 하는 등 이상행동을 보이기 시작했다. 나는 주환이가 내게 제 이야기를 맘껏 할 수 있도록 기꺼이 두 귀를 내어주었다. "마음이 후련하다"고 말할 정도로 제 안의 것들을 실컷 쏟아낸 주환이는 그제야 평온한 얼굴이 되었다. 그리고는 누구보다 열심히 제 길을 가겠노라며 스스로 다짐을 해왔다.

아니면 말고!

주환이는 고등학교에 입학하자마자 임원선거에 출마하여 당당히 부반장이 되었다. 그런데 중학교 때부터 주환이를 알고 있던 아이들은 주환이가 부반장이 되었다는 사실에 고개를 갸웃했다. 성적도 저조하고 남들보다 특별히 뛰어난 부분도 없는 데다 말까지 조금 더듬는 아이가 부반장이 되었다고 하니 모두가 의아해했다. 알고 보니 같은 반 아이들은 주환이가 너무나도 착해 보이고 모범생 같은 분위기라 뽑았다고 했다.

난생 처음으로 부반장 감투를 쓰게 된 주환이는 아주 밝고 긍정적이며, 무엇이든지 적극적으로 도전하는 모습을 보였다. 교내 행사나 대회 등 다른 아이들이 미처 신경 쓰지 못하는 부분도 일일이 정보를 챙겨왔다. 실력이 조금 뒤처지는 탓에 혼자서 도전하기는 어려우니까 친구들과 정보를 공유함으로써 협업의 구조를 만들기 위해서였다. 그런 야무진 노력으로 주환이는 친구들과 함께 교내 UCC대회에서 수상도 하게 되었다.

"선생님, 저희들 학교 정보동아리에서 쫓겨나게 생겼어요."

2학기가 되자 주환이의 행동이 점점 달라졌다. 공부를 점점 등한시하면서 아이들의 말에 끼어드는 일이 잦아졌다. 또 친구가 한 말을 그대로 따라하면서 이야기의 주도권을 잡으려고 하는 모습도 보였다. 게다가 다른 아이들에 관한 이야기를 사실과 다르게 왜곡하거나 지어내서 전하기도 했다.

"아니, 왜? 다른 아이들은 아무 말 없던데?"

주환이는 학교의 정보동아리 선생님이 학생들에게 한 학기 간의 활동 계획서를 제출하라고 했는데, 우리 학원에 다니는 아이들이 제출을 안 해서 모두 쫓겨날 위기에 처했다고 했다. 팀의 리더 격인 인성이가 아이들을 리드해야 하는데 그럴 생각조차 없고, 아이들 역시 활동 계획서를 작성하는 것에는 도통 관심이 없다는 것이었다.

자신도 함께 동아리에서 쫓겨날 위기에 처한 상황임에도 주환이는 신이 나서 친구들의 험담을 해댔다. 나는 사실을 좀 더 정확하게 확인하기 위해 인성이를 불렀다.

"너 지금 어디야? 주환이가 그러는데, 너희들 지금 활동 계획서를 제출 안 해서 정보동아리에서 쫓겨나게 생겼다며!"

"네? 무슨 말씀이세요. 어제 제출했는데요."

인성이는 어제 아이들과 함께 활동 계획서를 완성했고, 그 때 주환이도 함께 있었다고 했다. 인성이는 무척이나 황당한듯 콧김까지 뿜어대며 씩씩거렸다. 결국 삼자대면까지 하게 되었는데, 인성이는 자신이 활동 계획서를 만드는 것을 너도 보지 않았느냐며 따졌고, 주환이는 만드는 것은 봤으나 제출하는 것은 못 봤다고 당당히 말했다.

"점심시간에 제출했어!"

"제출했으면 말구!"

인성이는 당장이라도 주환이의 멱살을 잡을 기세였다. 그에 반해 주환이는 '아님 말고', '그래서 어쩌라고!'라며 냉소적인 태도로 일관했다. 미안해하는 기색이라곤 전혀 보이지 않는 주환이의 태도에 나 역시 화가 났다.

"선생님은 너희 둘이 알아서 해결하기를 기대했어. 그런데 주환이 너의 태도를 보니 선생님이 좀 나서야겠다. 네가 이야기를 잘못 전해서 인성이는 억울하게 나한테 혼이 났어. 그런데 넌 인성이에게 사과는 커녕 아무렇지도 않게 '아니면 말구'라고 하고, 그것도 모자라 '그래서 뭐 어쩌라고!' 하면서 화를 냈지? 넌 그게 옳은 태도라고 생각하니?"

내 말에 주환이는 삐죽거리며 내 눈치를 살피더니 들릴 듯 말 듯한 목소리로 "미안해"라며 사과를 했다.

그날 이후 나는 주환이를 좀 더 면밀히 관찰하기 시작했다. 주환이는 어떤 일에든지 나서서 말을 하고 싶어 했다. 아주 사소한 대화에도 끼어들고, 다른 아이가 하는 말을 따라 하기도 하고, 다른 아이의 말에 한두 마디를 덧붙이기도 하면서 존재감을 드러내려고 했다. 그런데 가만히 보면, 말은 많지만 건질 게 거의 없었다. 주환이는 말의 앞뒤가 맞지 않거나 논리가 엉망인 말들을 하고 있었다. 또 말을 하다가 자신에게 불리하면 뻔한 거짓말을 하거나 핑계를 대기도 했다. 야단도 쳐 보고 나쁜 버릇이라며 고치라고도 해봤지만 소용이 없었다.

'이상하다, 도대체 왜 그러지? 말을 더듬으면서 저렇게 같은 단어를 반복하면 다른 아이들이 자기를 더 무시할텐데, 왜 주환이는 그걸 모를까?

엄마를 위해 당당한 리더가 되고 싶어요

2학년이 되자 주환이의 말과 행동은 점점 심하게 표출되고 있었다. 감정의 기복 또한 너무 심했다. 어떨 땐 자신이 왕따를 당한다고 생각해 적대감을 표출하기도 하고 우울해 하기도 했다. 그러다가도 '그런 게 아니다'라는 말 한 마디에 금세 얼굴 표정이나 행동이 밝아지기도 했다. 공부가 잘 되지 않을 때는 예민해지고 거칠어지기도 했다.

주환이에게 대놓고 "너 왜 그러니?"라고 물을 수도 없어 전전긍긍하고 있던 차에 어머니께서 개인코칭을 신청하셨다. 아이의 재능이 어디에 있는지, 어떤 분야에 관심이 있는지 알아봐달라고 했다.

주환이와의 개인코칭은 아이의 새로운 모습을 찾을 수 있는 좋은 기회가 되었다. 나는 우선 아이에게 80세까지 자신이 하고 싶은 일에 대해 A4 용지에 마음껏 그려보고 적어보게 했다. 그리고 그 내용을 토대로 차근차근 코칭을 시작했다. 그렇게 주환이와의 개인코칭 횟수가 늘어갈수록 나는 그 아이에 대해 더 정확히 파악할 수 있었다.

아이의 문제 행동의 원인으로 크게 두 가지를 꼽을 수 있었다. 하나는 주환이의 행동에 어머니의 영향력이 크다는 사실이었다. 어머니에 대한 이야기를 하면서 주환이는 자신의 마음을 드러내기 시작했다. 얼마나 잘하고 싶은지, 그런데 그게 마음처럼 되질 않아 자신이 얼마나 속상하고 힘든지에 대해 말했다.

"엄마를 위해 당당한 리더가 되고 싶은데, 그게 생각처럼 되지 않아 속상해요."

주환이는 어머니를 무척이나 사랑하고 위했다. 그래서 평소 어머니가 바라는 훌륭한 아들이 되고 싶었다. 어머니는 주환이가 더 나은 아이들과 어울리고, 그 속에서 당당히 리더가 되기를 바라셨다. 주환이 역시 어머니의 바람대로 우수한 무리에 섞이고, 그 속에서 당당히 리더가 되고 싶었지만 자신의 능력이 따라주지 않으니 그저 말 한 마디를 더 하고, 거짓으로라도 이슈를 만들어 주목받는 것으로 대신하고 있었던 것이다.

다른 하나는 자신이 리더의 그릇이 아니라는 자각에서 오는 자괴감이 문제 행동의 원인으로 작용하고 있었다. 운이 좋아 부반장이라는 감투는 썼지만 성적은 점점 떨어지기만 하고, 특별히 주목받을만한 재능도 없었던 탓에 친구들 사이에 주환이의 존재감은 급격하게 줄어들고 있었다. 존재감이 없어지면서 리더에 대한 희망과 갈망도 사라졌다. '어차피 안 되니까!' 하는 생각에 모든 것을 포기하고, 화를 내고, 심지어 친구들이 자신을 왕따 시킨다는 생각이 들어 폭력적인 모습까지 보이게 된 것이었다. 게다가 공부마저도 포기한 듯 학원에 빠지는 일도 잦았다.

원인을 찾았으니 이제는 문제를 해결해야 했다. '왜 그럴까?'에서 '그랬구나!' 그리고 '어떻게 풀어주지?'의 단계로의 이동이었다. 의젓한 리더가 되고 싶다는 의도와는 달리 말과 행동이 엉뚱하게 표출되니, 이러한 불일치를 일치로 바꾸는 작업이 필요했다.

우선 마음 열기부터 시도했다. 나는 아이스크림을 두 개 사서 주환이에게 하나를 내밀었다. 첫날 우리는 아무 말 없이 그저 아이스크림만 나눠 먹었다. 그 다음날 나는 주환이 옆에 앉았다. 그리고는 아이를 요리조리 살피면서 "넌 머리를 짧게 자르면 멋있을텐데 …"라고 관심을 표현해줬다. 일주일 후에 주환이는 머리를 짧게 자르고 왔다. 나는 때를 놓치지 않고 아는 척을 하며 칭찬을 해줬다.

"와~ 주환아, 너 머리 잘랐구나! 멋지다! 다음엔 앞머리를 눈썹 위로 잘라봐. 그럼 더 멋질 거 같다."

이번에는 좀 더 과하게 관심을 표현하며 인정과 칭찬도 빼놓지 않았다.

  울림이 있는 공부는 절대 배신하지 않는다

그리고 관심과 칭찬, 인정을 받을 때의 아이의 반응을 놓치지 않았다. 주환이는 쑥스러워하면서도 좋아했다.

실컷 말하고 나니 마음이 후련해요

이후 우리는 사탕도 주고받으며 더욱 친해졌다. 마침내 때가 온 것이었다. 이제 아이의 잠재역량을 찾아 강점화할 수 있는 핵심 포인트를 잡아주어야 했다. 그리고 이것은 주환이 스스로는 물론이고 다른 아이들도 인정하는 것이어야 했다.

주환이는 다른 것은 몰라도 컴퓨터와 관련된 자격증만큼은, 공부를 잘하는 다른 친구들보다 훨씬 더 빨리 취득했다. 물론 친구들은 주환이가 잔머리를 엄청 굴려서 컴퓨터 자격증을 빨리 취득하는 것이라며 입을 삐죽였다. 실력으로 취득한 것이 아니라는 듯 무시하지만 은근 부러워하는 모습도 보였다.

"뭐 어때? 잔머리도 실력이야. 적응능력이나 응용능력이 좋은 거지. 게다가 시간 안배나 문제 안배를 너무 잘했네!"

나는 아무렇지도 않게 주환이 편을 들며 칭찬과 인정을 해주었다.

관심과 칭찬, 그리고 인정은 그동안 도전조차 마음껏 하지 못해 속상했던 아이의 마음을 평온하게 만들어준다. 그리고 자신에게도 재능이 있으며, 그것을 갈고 닦으면 충분히 빛날 수 있다는 희망을 심어준다. 또한 그 희망의 불빛을 향해 맘껏 달릴 수 있는 용기를 가르쳐준다.

이를 위해서는 타이밍을 활용하여 주환이의 숨은 마음을 찾아내어야 했다. 도전하고 싶은 마음, 잘하고 싶은 마음, 해내고자 하는 마음을 찾아야 했다. 나와의 신뢰를 바탕으로 기분이 한껏 좋아져 있을 때 주환이와 이야기를 시작하며 조금 더 세심하게 반응을 살폈다. 타이밍을 잡아야 했기 때문이었다.

"와! 네 꿈이 화이트 해커라고? 정말 멋진데! 그런데 왜 그 일이 하고 싶니? 언제부터 하고 싶었니?"

내 말이 떨어지기 무섭게 주환이는 정신없이 이야기를 쏟아냈다. 그것은 주환이가 그동안 기다리고 바랐던 것이었다. 누군가 자신에게 관심을 보여주고, 꿈을 물어주고, 제 이야기를 들어주기를…. 나는 적절한 때에 추임새를 넣는 것 말고는 아이의 말에 끼어들지 않고 진지한 태도로 경청을 했다. 마음의 소리를 듣기 위해서였다.

그날 나는 처음 주환이가 얼마나 하고 싶은 이야기가 많은지, 얼마나 리더가 되고 싶어 하는지를 알 수 있었다. 주환이는 제가 하고 싶은 이야기를 하자 말도 더듬지 않는 데다 말의 논리도 분명했다.

"실컷 말하니 어떠니?"

"마음이 후련해요. 엄마 말곤 제 마음을 털어놓은 사람이 없었거든요."

"앞으론 쌤이 들어줄게. 언제든지."

"감사합니다. 그리고 저 컴퓨터 자격증만큼은 누구보다 빨리 취득하고 싶어요. 특히 인성이는 꼭 이기고 싶어요."

전교 9등인 인성이를 이기겠다고 말하는 주환이의 눈은 그 어느 때보다도 반짝였다. 승부욕이 생기기 시작한 것이었다.

"주환아, 진짜 리더는 누군가와 싸워 이기고, 잘난 척하고, 큰 목소리로 다른 사람들을 억압하지 않아. 진짜 리더는 스스로의 삶, 즉 나 자신을 먼저 채우는 사람이란다. 나 자신이 채워지면 굳이 말하지 않아도 남들이 너를 인정해 준단다. 그럼 리더는 저절로 되는 거지."

나는 열심히 하려는 마음을 가진 것은 반갑지만 진짜 리더가 되기 위해서는 다른 사람을 이기기 위해서가 아닌 나 자신을 채우기 위해 달려야 한다고 조언해 주었다.

그날 이후 주환이는 눈에 띄게 변했다. 제 말대로 정말 열심히 공부를 해서 컴퓨터 자격증도 취득하였고, 이에 자신감을 얻어 학교 공부까지도 열심히 하게 되었다. 실력이 늘자 성취감과 자신감도 덩달아 커지고 뾰족하던 성격도 둥글둥글 원만해졌다. 아이들과도 잘 어울렸으며, 주머니엔 늘 새콤한 사탕을 넣고 다니며 조는 아이들에게 하나씩 나눠주기도 했다. 자신만 혼자 잘하려고 하기보다는 뒤처지는 친구들에게도 관심을 가지고 챙기는 진정한 리더가 되어가고 있었다.

그 후로 나는 주환이가 그릇된 행동을 할 때면 바로바로 교정을 해주고, 그 이유를 알아듣게 설명해 주었다. 그리고 진짜 리더의 모습을 알려주고, 리더는 왜 윤리적이고 진정성이 필요한지도 설명해주었다. 또 코칭을 통해 자신이 한 행동이 옳은지, 정말 원하는 행동이었는지를 스스로 생각하게 도와주었다.

깨달음과 실천이 늘수록 주환이는 더 밝아졌고, 스스로 움직이며 다른 아이들을 도와주는 배려심 있는 사람으로 자라가고 있었다. 지금도 주환이는 더 많은 리더들의 모습을 배우고 자신의 행동에 대입하면서 진정한 리더가 되기 위해 노력하고 있다.

"주환아, 네가 얼마나
멋진 사람인 줄 알지?
조급해하지 말고 차근차근 너 스스로를
채우다보면 어느샌가 멋진 리더가
돼 있을 거야."

하나 아이들의 문제 행동에는 반드시 원인이 있답니다. 결과를 두고 나무라기보다는 원인을 찾을 수 있도록 관찰에 주력하세요. 그래야지만 근원적인 치유가 가능합니다.

둘 금세 들통이 날 빤한 거짓말을 한다거나 황당한 행동을 할수록 엄마는 평정심을 잃지 말아야 합니다. 당황해하고 흥분한 엄마의 모습에서 아이는 그런 자신의 행동을 그저 가벼운 놀이 정도로 여길 수 있답니다.

셋 아이의 마음 속 이야기를 이끌어내기 위해서는 경청의 자세를 갖추는 것이 중요하답니다. 엄마의 신뢰와 사랑을 느끼고 편하게 말할 수 있는 환경을 만들어 주면 아이들은 더욱 쉽게 자신의 마음을 터놓는답니다.

넷 마음과는 달리 말이나 행동이 뾰족한 아이도 충분히 예쁘게 표현할 능력이 있답니다. 아이의 선한 내면을 믿고 잘 이끌어준다면 아이들은 금세 원래의 아름다운 모습으로 돌아온답니다.

내 방식대로
공부하고 싶어요

자기주도성이 강해
자기방식만을 고집하는 아이

한기호 작가의 「마흔 이후, 인생길」이라는 책을 보면, '엑스퍼트(expert)'와 '프로페셔널(professional)'의 차이에 대한 언급이 나온다. 엑스퍼트는 "한 분야에서 전문적인 지식과 풍부한 경험을 바탕으로 돈을 버는 사람"이고, 프로페셔널은 "전문분야에서 횡적인 지식과 경험을 겸비하고 있으면서, 그것을 기본으로 상대의 요구에 적절하게 맞춰 제공할 수 있는 능력"이라고 구분했다.

엑스퍼트와 프로페셔널의 공통점은 각각 전문성을 갖추고 있다는 것이고, 차이점은 그 전문성의 울타리 안에 갇혀 있느냐 아니냐는 것이다. 그래서 엑스퍼트를 자처하는 사람은 자기주도성이 매우 강한 반면에, 프로페셔널한 사람은 자기주도성만을 고집하지 않고 상대방의 입장도 고려하여 안성맞춤의 결과를 내놓는다.

프로야구 선수 이승엽은 우리나라 최고의 타자라 불러도 손색이 없다. 그는 한 시즌 최다 홈런, 통산 최다 홈런 등 각종 기록뿐만 아니라 올림픽을 비롯해 여러 국제대회에서도 인상 깊은 활약을 펼쳤다. 야구에 별 관심이 없어도 '이승엽'이라는 이름 석 자 정도는 들어봤을 만큼 유명하다.

그런 이승엽 선수가 뛰어난 점은 오랜 시간을 최고의 타자로 지내왔어도 자기만의 방식을 끝까지 고집하지 않는다는 것이다. 나이가 들면서 순발력이나 파워가 예전보다 떨어진다는 것을 인정하고 타격코치의 조언에 귀를 기울여 매해 새로운 타격기술로 약점을 보완하고 있다. 그래서 아직까지 현역으로 뛰고 있는데, 마흔의 나이에 현역으로 경기에 나서는 선수는 불과 10명도 채 되지 않는다.

이승엽 선수의 자세도 눈여겨봐야 하지만, 코치들의 태도 변화도 눈에 띈다. 과거에는 코치나 감독들이 자신의 타격이나 투구 이론을 고집했다. 자신이 현역 때 성공했다는 이유를 내세우면서 일방적으로 한 가지 방식을 강요하였었다. 그러나 요즘에는 아무리 현역 때 스타 선수였다고 해도 자신의 방식을 고집하지 않는다고 한다. 선수들마다 체형이나 소질 등 제각각의 특성을 가지고 있다는 것을 감안해서 자신의 이론과 선수의 상황을 적절히 조화시켜 지도를 한다는 것이다. 그래서 프로야구에도 소통과 공감, 그리고 조화의 리더십이 부각된다고 한다.

자기주도성이 유난히 강한 아이는 엑스퍼트의 기질이 강하다. 이런 아이를 프로페셔널로 키우려면, 일방적인 지도와 강요보다 소통을 통해 적절한 조화를 이끌어내는 맞춤식 코칭이 필요하다. 권위를 내세워 끌고 가기보다 대화를 통해 아이가 원하는 것과 지도 방식의 교집합을 찾아내어, 그에 따라 코칭을 해야 한다.

중학교 3학년 겨울 방학 때 어머니에게 이끌려 나를 찾아온 준기는 코칭을 시작한지 이틀 만에 '절대로 하지 않겠다'고 하며 울면서 대들었었다. 날마다 학습량을 검사받아야 하는 시스템과 하루 종일 책상에 앉아 있어야 하는 상황이 매우 힘들다는 것이었다. 준기는 초등학교 5학년 때부터 자신만의 방식으로 노트 정리를 하면서 좋은 성적을 유지했다며, 나의 코칭 방법이 너무나 마음에 들지 않는다고 노골적으로 말했었다.

무조건 내 방식대로 할 거예요

나의 자기주도 코칭 시스템이 일반적인 보습학원과 차이가 있었기에 적응하는 데 시간이 걸리는 아이들도 더러 있다. 하지만 준기처럼 울며 대든 경우는 처음이었기 때문에, 할 수 없이 어머니께 전화를 드렸다. 그랬더니 어머니는 준기에게 우리 학원이 독학식 자기주도 코칭 시스템이란 것을 미리 설명하지 않고 보낸 탓에 이런 문제가 생긴 것 같다며 미안해하셨다.

"적응기간이 다소 걸리는 아이들도 있긴 하지만 준기는 너무 완강해요.

특히 과거의 성공방식에 대한 고집이 너무 세서 다른 사람의 의견을 수용하려고 하지 않아요."

준기는 학원의 도움 없이 자신만의 공부법으로 좋은 성적을 유지하다보니 기존의 공부법에 대한 확신과 자만심이 넘쳤다. 주변의 조언을 완전 거부하는, 그야말로 독불장군이었다. 고등학교는 중학교와 달리 학습량이나 난이도가 높아져서 좀 더 전략적인 자기주도 학습이 필요한데, 준기가 중학교 때와 같은 방식을 고집하고 있어서 난감하기 그지없었다.

나는 준기가 혼자서도 충분히 가능하다는 왕고집을 버리고 더 나은 공부법에 대해 수용적인 태도를 보이기를 바랐다. 특히 최상위로 성적이 상승하기 위해서는 자만심을 버리고 전문가의 조언을 토대로 더 큰 그림을 그릴 수 있어야 했다. 노트 정리를 통한 기존의 방식도 학습에 큰 효과를 발휘할 수 있기 때문에, 나는 나의 방식과 준기의 방식을 융합하는 과정이 필요함을 느끼고 절충선을 찾아가는 마음으로 코칭을 하고자 했다.

이러한 나의 계획에 다행히 준기 어머니께서도 충분히 공감해 주셨다. 의논 끝에 우리는 당분간 준기와 나의 의견을 서로 조율해 학습을 진행하고, 고등학교 첫 중간고사를 치른 후에 다시 의논을 하는 것으로 결정했다.

우선 두 달여의 겨울방학 기간에는 기본 시스템을 몸에 익히는 정도로만 하고, 본인이 스스로 느낄 수 있는 시간을 주기로 했다. 준기처럼 자기주도성이 강하고 고집이 센 아이는 경험을 해봐야 납득이 가고, 납득이 가야 스스로 변화하려 노력하기 때문이었다.

그렇게 타협점을 찾아 두 달 동안 코칭을 받은 후 준기는 학원을 잠시 쉬며 자신만의 방식으로 공부를 했다. 그리고 중간고사가 끝나고 6월이 되어 다시 나를 찾아왔다.

"다시 하기는 할건데요, 무조건 제 방식대로 할거에요. 외워서 검사받는 것 말고 제 방식대로 노트 정리를 하며 공부할 거예요."

여전히 도도함이 넘쳐나는 준기의 태도에 나는 숨을 한 번 고른 뒤 온화한 엄마 미소로 대답을 대신했다. 자신과 맞지 않는다며 그만뒀던 준기가 다시 용기를 내어 나를 찾아온 것이 대견하고 고마웠다. 그래서 암기 위주로 공부를 하는 다른 아이들과는 달리 준기는 노트 정리를 하는 본인의 공부법을 어느 정도 존중해주기로 했다. 그리고 암기는 조금씩 강도를 높여가는 것으로 전략을 수정했다.

준기는 이과를 선택할 예정이었는데, 이과 수학이 꽤 난이도가 높은데도 수학 공부를 혼자 하려고 해서 이를 설득하는 과정도 필요했다. 나는 우선 준기의 의지를 인정하고 칭찬해주었다.

"너는 의지가 강하니까 혼자서도 충분히 해낼 수 있어. 하지만 너도 알다시피 이과 수학은 난이도도 높은 데다 분량도 엄청나. 그것을 정해진 시간 안에 독학으로 모두 소화하기란 정말 힘들어. 의지나 능력의 문제가 아니라 시간과의 싸움인 것이지. 그렇다면 전략을 조금 수정할 필요도 있지 않을까?"

　준기처럼 자기주도 방식의 성공경험이 있고 그것에 대한 자부심과 고집이 센 경우, 일단은 그 방식을 인정해 주어야 한다. 그리고 아이의 자존심도 지켜 주어야 한다. 즉, '나는 못해서 다른 사람의 도움을 받는 것이 아니야, 충분히 잘하지만 더 잘하기 위해 도움을 받는 거야'라는 생각이 들도록 해주는 것이다. 그러면서 '더 잘하기 위해' 자연스레 새로운 학습법을 융합할 필요성을 충분히 이해시켜 주는 것이다.

　다행히 준기는 내 말을 따라주었고, 자신의 방식과 내 방식을 융합하여 이전보다 더 열심히 공부를 했다. 그 결과 수학을 비롯하여 모든 과목의 성적이 오르기 시작했다. 게다가 각종 경시대회에서 상을 휩쓸자, 선생님들은 "준기가 누구야? 도대체 어떤 아이인데 1학년이 2학년을 이겨?"라며 관심과 애정을 보이기도 하셨다.

　성적의 향상, 그에 따른 존재감의 상승으로 준기는 공부를 열심히 하는 것을 넘어 즐기는 수준으로까지 발전했다. 아이의 학습 레벨이 한 단계 도약할 절호의 타이밍이었기에 나는 때를 놓치지 않았다.

　"준기야, 지금 공부 방법으로는 이 이상으로 성적을 올리기는 힘들어. 그래서 말인데, 이제 4등급이 아닌 2등급 공부법으로 공부를 해보면 어떨까?"

　"2등급 공부법이요?"

　"응. 지금처럼 노트 정리 위주의 공부법도 좋지만, 그것만으로는 성적이 오르는 데 한계가 있어. 외우고 말하고, 때론 가르치기도 하면 성적이 급상승할 거야."

나는 2등급 공부법에 대해 상세히 설명해주었다.

"네. 한번 해볼게요."

그날부터 준기는 기존의 노트 정리 공부법 외에도 외우고, 소리 내어 말하고, 친구와 서로 묻고 답하기를 하며 2등급 공부법을 실행해 나갔다.

"와! 선생님, 제가 진짜 2등급을 받았어요!"

역시 마음이 담긴 노력은 한 번도 배신하는 법이 없었다. 준기는 수학을 4등급에서 2등급으로, 다른 과목도 3~4등급에서 2등급으로 끌어올렸다. 그 결과, 1학년 총점은 1.98등급이 되었다.

쌤이랑 대화하니 해결방법이 보이네요

"쌤, 저랑 얘기 좀 하면 안 돼요?"

열심히 잘 따라오던 준기가 2학기 기말고사 이후에 급격하게 우울해했다. 기말고사 성적도 좋았기에 그 이유를 짐작하기가 쉽지 않아 걱정스런 마음이 점점 커지고 있었다. 그러던 차에 준기가 나에게 먼저 상담을 요청해 온 것이었다.

"당연히 되지. 왜? 어디서 할까? 여기서? 아니면 친구들이 있으니 장소를 다른 데로 옮길까?"

반가운 마음을 감추지 못해 나는 호들갑을 떨었다.

"아니요. 전 여기서 얘기해도 되요."

"그래, 그럼 얘기 해봐. 쌤이 들어줄게."

"쌤, 저 미치겠어요. 학교 담임 쌤은 방과 후에 학교에서 하는 심화반에서 수업을 들으라고 하시고, 아빠는 영어 학원을 다니라고 하시고, 엄마는 그냥 지금처럼 자기주도 코칭을 하래요."

아이는 자신의 성적 향상에 따른 주위의 급작스런 관심에 어리둥절해 했다. 더군다나 각각의 요구가 다르니 난감하다 못해 곤혹스러운 상황에 처한 듯했다.

"성적이 오르니 갑자기 세 분이 한꺼번에 여러 주장을 하셔서 너무 힘들어요!"

감정이 격해진 나머지 준기는 손으로 얼굴을 가린 채 큰소리로 엉엉 울기 시작했다. 친구들이 자기를 쳐다보든 말든 상관하지 않았다. 그렇게 한 번 터진 울음은 10여 분이 지나도 그칠 줄을 몰랐다. 나는 아이가 맘껏 울며 제 안의 스트레스를 토해내길 바라며 말없이 기다려주었다.

그동안 말할 곳이 없어 얼마나 힘들었을까! 얼마나 난감했을까! 속상하고 어찌할 바를 몰라 힘들어 하는 마음을 알아주는 시간이 필요했다.

"실컷 울었어? 이제 얘기해도 되니?"

"네."

"어휴, 얼마나 힘들었어? 그런 고민이 있으면 진작 말하지. 지금부터는 학교 쌤, 아빠, 엄마 말고 널 위해 생각해보자. 하나씩 차근차근 풀어보자. 우선 학교에서의 이로운 점은 무엇이 있지?"

준기는 공부를 할 때 차근차근 이해해가며 논리적으로 접근하는 아이이기에 나는 대화를 할 때도 논리적으로 접근했다.

"학교 쌤은 심화반에서 공부하면 과학반에서 활동할 수 있고, 학교생활기록부에 기재도 된다고 하세요. 그리고 각종 대회에 참여할 수 있는 기회를 얻을 수 있고, 선배들의 노하우를 들을 수도 있다고 하세요."

"음, 심화반, 과학반, 학교생활기록부 모두 좋은 거네. 그런데 너의 꿈은 뭐지? 과학, 화학, 생물 등 과학과 관련된 쪽인가?"

나는 준기가 영상 PD가 되고 싶어 한다는 것을 알고 있었지만 일부러 모른 척하며 물었다.

"아니요. 전 영상 PD가 되는 게 꿈이에요."

"그래? 그럼 심화반, 과학반과 같은 학교에서의 활동이 너에게 어떤 의미가 있지?"

"없어요."

"그렇지?"

"아! 쌤 말씀 듣고 보니 학교는 과학반 위주여서 정말 도움이 안 되네요."

준기는 뭔가 커다란 돌덩이 하나를 내려놓은 듯 환한 웃음을 지어보였다.

"그래, 그럼 학교는 해결 되었고! 아빠의 영어 학원 권유는 어때? 도움이 될까? 넌 혼자 공부해도 영어가 최소 3등급은 나오는데 획일화된 학원 수업이 성적 향상에 크게 도움이 될까?"

"당연히 시간만 뺏기지요."

"그래? 그러면 영어 성적을 향상시킬 방법은 있어? 최소 2등급까진 성적을 끌어올려야 하잖아."

내 말에 준기는 그간 자신이 외국인과 대화가 된다는 이유로 자만하여 영어공부를 등한시했고, 그야말로 기본 실력으로 시험을 봤음을 고백했다. 그리고는 영어공부에 좀 더 노력해보겠다고 했다.

"와! 쌤이랑 이렇게 대화하며 차근차근 풀어보니 방법이 나오네요. 그동안 제가 영어공부를 안 한 것도 갑자기 후회가 되고, 헤헤."

"오호! 기특하네, 스스로 정리도 다 하고. 언제든지 너를 위한 최선의 방법을 찾아보면 아무리 어려운 문제도 해결이 돼. 우리 계속 힘내자!"

눈물을 펑펑 쏟아내던 그날의 속 깊은 대화를 계기로 준기는 나를 더욱 신뢰하게 되었다. 이후로 우리는 의기투합하여, 1학년 겨울방학 동안 2학년 때의 학교생활과 학습방향을 미리 계획하는 것은 물론이고, 학교생활기록부 분석을 통해 공부 재능 강화로 전교 1등이라는 더 확장된 큰 그림을 그리게 되었다.

자신의 꿈을 향한 분명한 전략이 수립되어서일까! 준기는 영상 PD의 꿈을 이루기 위한 활동도 적극적으로 수행했다. 영상동아리를 만들어 기획하고 구성원을 섭외하여 학교 UCC 대회에 참석하여 최우수상을 수상했으며, EBS UCC 대회의 본선에 진출하기도 했다. 또 과학 대회에 참여하여 장려상을 수상하였고, 전공과 관련된 봉사활동에도 적극적으로 참여하는 등의 행동의 변화가 생겼다.

준기처럼 자기주도성이 강하고, 그로 인한 성공경험으로 인해 고집이 생긴 아이는 서두르고 강요하기보다는 천천히 기다리며 차츰 자존심을 세워주는 코칭법이 효과적이다. 아이가 중간에 어려움을 겪을 때도 일방적이고 수직적인 코칭보다는 자신이 스스로 선택할 수 있도록 돕는 수평적 코칭법이 도움이 된다. 그 과정에서 함께 문제를 해결하는 것이 더 좋은 방법을 도출할 수 있음을 설명한다면, 아이가 혼자보다 함께의 중요성을 인식하게 되어 신뢰와 진한 공감을 형성할 수 있다.

울림이 있는 공부는 절대 배신하지 않는다

하나	자기주도성이 강하고 자만심이 큰 아이는 우선 새로운 방식을 접할 수 있는 기회를 제공해주세요. 이 과정에서 강압적으로 지시하기보다는 '경험'을 해보는 차원으로 유도하면 도움이 된답니다.
둘	스스로 인정하고 받아들일 수 있도록 기다려주세요. 그리고 스스로 선택하게 해주세요. 새로운 방식에 대한 경험을 하도록 유도했다면 그 다음부터는 느긋하게 기다려주세요. 스스로 인정하고 받아들이는 단계가 온답니다.
셋	도움을 요청할 때에는 적극적으로 도와주세요. 스스로 하는 것에 익숙해져 있는 아이가 도움을 요청할 때는 정말로 도움이 필요한 순간이랍니다. 이 때를 놓치지 말고 적극 도와준다면 아이는 마음을 활짝 열게 된답니다.
넷	왜 해야 하는지 그 필요성을 충분히 이야기 해주세요. 자존심이 강한 아이들은 본인이 납득을 해야 움직입니다. 왜 해야 하는지에 대해 이해를 시키면 아이는 어느 순간 스스로 움직이게 됩니다.
다섯	그 어떤 경우라도 자존심을 지켜주세요. 스스로의 방식에서 성공경험이 있는 아이들은 자존심이 아주 강해요. 자존심을 지켜주고 자존감을 키워주면 공부는 저절로 잘하게 된답니다.
여섯	꿈과 관련된 여러 활동을 통해 성취감을 느끼게 해주고, 스스로 인정받고 있음을 느끼게 해주세요. 마음이 넉넉한 아이는 타인을 대하는 태도도 여유롭답니다.

마음의 바탕이 밝으면
어두운 방 안에서도 푸른 하늘이 있고,
생각이 어두우면
태양 아래서도 도깨비가 나타난다.
_ 채근담 _

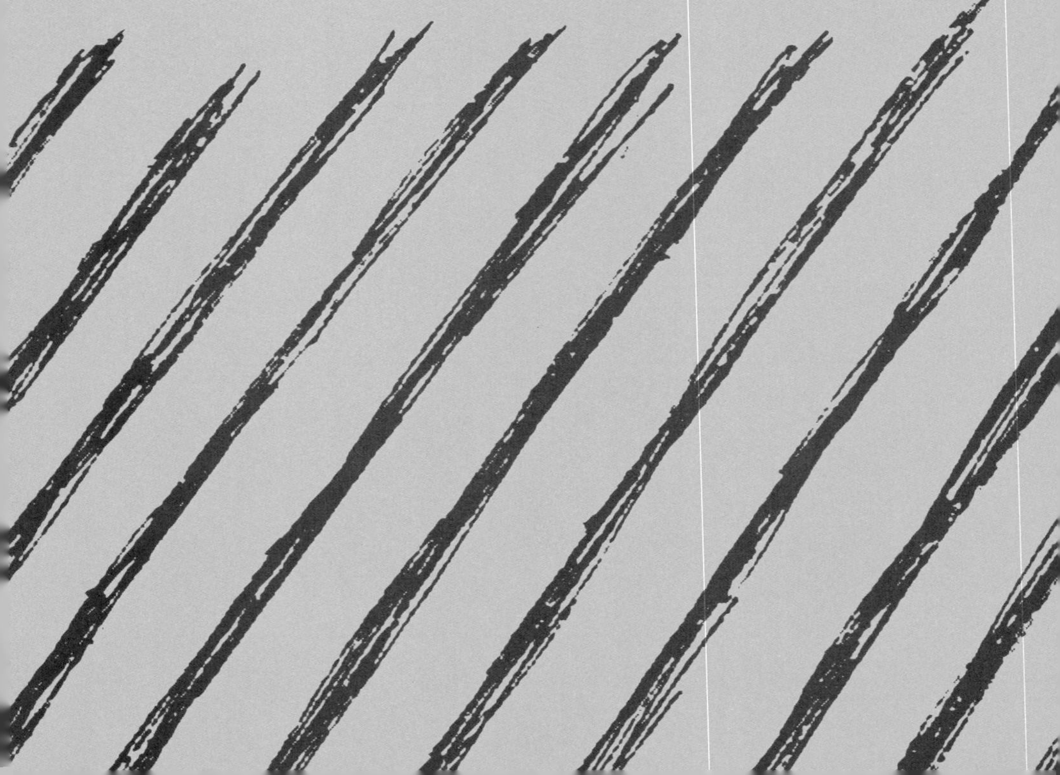

3부

네 마음의 주인이 돼야지

모든 것은 마음먹기,
즉 마인드컨트롤에 달려 있다

전교 1등!
말처럼 쉬운 게
아니라고요

전교 1등의 부담감으로 까칠해진 아이

"저는 연필을 잡을 테니 선생님은 제 마음을 잡아주세요."

백만장자와 보통 사람의 차이점은 무엇일까? 미국 템플대학의 창시자 러셀 코웰 박사는 미국 내 백만장자 4,000여 명을 대상으로 그들의 생애를 조사해 보았다고 한다. 그런데 그들의 대부분이 어린 시절 가난한 환경에서 자랐고, 고졸 이상의 학력자가 70명이 채 되지 않을 정도로 교육적인 혜택도 일반인들보다 덜 받은 상태였다고 한다. 그러나 그들은 보통 사람들과는 달리 그들이 이루고 싶어 하는 '명확한 목표'가 있었고, 그 목표를 향한 뜨거운 열정으로 최선을 다했다고 한다.

모든 사람이 백만장자가 되어야 하는 것은 아니다. 하지만 이들을 이끌었던 명확한 목표는 우리의 에너지를 솟아나게 하는 강한 자극제가 됨이 분명하다. 막연히 저 산의 정상에 오르고 싶다는 생각만으로는 산 근처에도 가지 못하는 경우가 허다하다. 하지만 저 산의 정상에 있는 산삼을 캐서 내 아이의 목숨을 살려야 한다는 분명한 목표가 있다면 우리는 이미 산을 오르고 있는 것이다.

몇 년 전 나는 인문계열 고등학교에 진학하고도 남을 성적임에도 정보고등학교로 진학하겠다는 윤아에게 전교 1등이라는 조건을 내걸었다. 정보고에 가서 전교 1등을 놓치지 않는다고 약속하면 정보고에 가도록 허락해주겠다고 했다. 사실 내가 아이의 부모도 아닌데, 아이의 결정에 허락을 한다만다 하는 것은 어불성설이었다. 하지만 윤아는 나에게 계속 코칭을 받고 싶어 했고, 나는 코칭을 해주는 조건으로 아이에게 전교 1등이라는 분명한 목표를 심어주었다.

내가 윤아에게 전교 1등을 조건으로 내걸었다고 해서 무조건 최고, 1등만을 지향하는 것은 아니었다. 목표는 개인의 역량과 재능에 맞춰 설정하여야 하는데, 당시 윤아는 정보고에 진학하여 자신의 잠재역량을 최대한 끌어낸다면 전교 1등은 불가능한 목표가 아니었었다. 물론 사람이기에 실수도 할 수 있는 것이므로 매번 전교 1등을 해야 한다는 것은 부담이 될 수도 있었다. 하지만 이 역시 내가 윤아와 함께 하며 마음을 다스릴 수 있도록 도와준다면 충분히 가능하다는 생각이 들었다.

9세에 미국에서 최연소의 나이로 대학에 입학하고, 18세에 박사학위를 받은 쇼 야노는 그의 저서 「꿈이 있는 공부는 배신하지 않는다」에서 어머니가 가르쳐주신 '마음을 다스리는 기술'이 학업의 과정에 있어 큰 힘이 되었다고 회상했다. 높은 지능지수와 뛰어난 학습 능력을 가진 그였지만 학업의 과정에서 겪는 스트레스는 보통 사람들과 크게 다르지 않았다. 그럴 때마다 그의 어머니는 마음을 다독이는 조언을 아끼지 않았다고 한다. 당장 학업의 진도가 잘 나가지 않는다고 해서 조급해할 필요가 없다는 것을 일깨워주고, 공부에 지쳐있을 때에는 왜 공부를 해야 하는지 그 근원적인 접근을 통해 마음을 다시 다잡을 수 있도록 해준 것이었다.

흔히들 공부는 머리가 아닌 엉덩이 싸움, 즉 누가 더 노력하느냐에 성패가 달렸다고들 한다. 그런데 엉덩이가 의자에서 떨어지지 않으려면 무엇보다도 마음이 그것을 간절히 원해야 한다. 강한 동력이 되는 분명한 목표와 그 목표를 향해 달려갈 수 있는 굳건한 마음이 결국엔 내 아이를 자신의 목표지점으로 이르게 해준다. 이를 위해 우리가 할 수 있는 일은 수학문제를 함께 풀어주고 영어단어를 대신 외워주는 것이 아니다. 불안감, 초조함 등으로 흔들리는 마음을 다잡아주어 아이가 자신의 길에서 벗어나지 않도록 힘차게 조력하는 것이 우리의 진정한 역할이다.

고등학교 3년 내내 전교 1등을 하라고요?!

윤아는 중학교 2학년 겨울방학 때 우리 학원을 찾은 아이였다. 언니가 컴퓨터 학원을 다니면서 대회에서 상을 받아오자 아버지가 용돈을 주셨는데,

그게 부러워 자신도 컴퓨터 학원에 왔다고 했다. 자격증 취득 등의 분명한 목표 없이 학원을 찾기는 했지만, 윤아는 또래 친구들보다 훨씬 더 컴퓨터에 흥미를 느끼고 열심히 했다.

하나를 가르쳐 주면 2~3개를 훌쩍 해놓는 모습을 보고, 나는 윤아가 얼마나 잘할 수 있는 아이인지 테스트를 해보고 싶어졌다. 하루는 윤아를 불러 이제부터는 워드프로세서 1급 이론을 공부할 것이라고 했다. 예상대로 아이는 내가 내주는 학습량을 수월하게 소화해냈다. 나는 윤아의 역량이 어디까지인지 알아보기 위해 학습량을 더욱 늘여갔고, 그때마다 아이는 엄청난 학습량과 뛰어난 암기력으로 나를 놀라게 했다.

겨울방학에 시작한 트레이닝은 5개월 동안 이어졌고, 윤아의 실력이 만족스러운 단계가 되자 나는 윤아를 전국정보과학경시대회에 참여시켰다. 영문도 모른 채 트레이닝을 시작한 윤아는 처음 참가한 대회에서 중등부 대상을 수상하는 기염을 토했다.

"쌤, 정말 제가 1등인거죠?"

윤아는 자신이 무엇을 이뤄냈는지 믿기지 않아 했지만, 이내 상황을 파악하곤 폴짝폴짝 뛰며 좋아했다. 나 역시 내 판단이 틀리지 않았음을 재차 확신하며 윤아에게서 더 큰 역량을 찾아내리라 다짐했다.

윤아가 컴퓨터에 열중하는 모습을 통해 아이의 몰입능력을 확인한 후 이해력과 암기력을 테스트한 결과, 아이는 부모님은 물론 자신조차도 모르는 학습 잠재능력을 갖고 있음을 알게 되었다. 몰입력, 이해력, 암기력을 갖춘 학습 잠재역량을 어떻게 세상 밖으로 끄집어 낼 수 있을까? 어떻게 하면

이 아이의 최대치를 발휘시킬 수 있을까? 어떻게 하면 자신의 학습 잠재역량을 스스로 인정하고 믿게 할 수 있을까? 그것을 알아내고 실현시키는 것이 코치로서의 내 역할이었다.

이후 윤아는 컴퓨터 프로그래머가 되겠다는 야무진 꿈을 실현시키기 위해 무서운 속도로 컴퓨터를 섭렵해갔다. 그렇게 시간이 흘러 중학교 3학년 가을이 되자 윤아는 정보고등학교에 진학하겠다는 의사를 표현해왔다. 학교 성적이 어느 정도 유지되던 아이라 당연히 인문계 고등학교에 진학할 것이라 생각하고 있었던 나는 윤아의 말에 적잖이 당황했다.

"왜? 대학은 어쩌려고?"

"인문계에 가면 최상위 그룹에 있어야 하는데, 솔직히 자신 없어요."

인문계 고등학교에서의 내신관리가 부담스러웠던 모양이었다. 나름 일리가 있는 말이긴 했지만, 정보고와 일반고는 학습의 방향이나 학교 분위기가 다소 차이가 있었다. 나는 호흡을 가다듬으며 생각의 여유를 갖기 시작했다. 어떤 결정이 이 아이의 잠재역량을 더 키울 수 있을까? 사회의 정해진 틀을 따라 인문계 고등학교로 진학해서 대학을 가는 것이 더 나은 결정일까, 아니면 아이의 판단대로 정보고등학교로 진학해서 내신과 컴퓨터 능력을 한꺼번에 잡는 것이 더 현명한 결정일까, 선뜻 판단이 서질 않았다.

"일단 인문계에 가서 지금보다 더 열심히 하면 되잖아."

"저는 보습학원도 안 다녀본 데다 제가 아무리 열심히 해도 최상위 애들은 못 이겨요."

윤아의 생각은 확고했다.

"좋아! 그럼 쌤이랑 약속 하나 하자. 고등학교 3년 내내 전교 1등을 단 한 번도 놓치지 않기! 할 수 있겠어?"

"전교 1등이요? 저 한 번도 전교 1등을 해본 적이 없는데요."

윤아는 다소 엉뚱한 내 제안에 당황스런 기색을 보였다.

"윤아야, 쌤 스타일 알지? 쌤을 믿어. 쌤만 따라오면 넌 충분히 할 수 있어. 대신, 쌤이 하라는 대로 뭐든지 해야 해. 죽으라면 죽는 시늉까지도."

"네, 쌤 믿어요. 그리고 쌤이 시키는 건 뭐든 할 수 있어요."

"다시 묻는다. 쌤은 한번 한다면 끝까지 하는 거 알지? 그 어떤 핑계도 안 통하다는 거 알지? 그래도 할래?"

"네. 할게요!"

"그럼 넌 3년 내내 전교 1등이다!"

윤아와 의기투합하여 '고등학교 3년 내내 전교 1등'이라는 명확한 목표를 설정한 뒤, 우리는 씩씩하게 항해를 위한 닻을 올렸다.

학습 잠재역량이 있는 아이였기에 인문계보다 정보고를 선택해 전교 1등을 만들어 자신감을 찾아주는 편이 훨씬 좋은 방법인 듯했다. 나는 윤아에게 전교 1등이라는 목표로 정보고 입학 전에 밑그림을 그려주고 도전과 책임의식을 심어주었다. 그리고 윤아와 나의 목표와 계획을 부모님께도 말씀드려 허락을 구했다. 평범하지만 자식이 원하는 것은 무조건 최선을 다해 지원해주시는 윤아의 부모님은 우리의 계획에 기쁜 마음으로 동참해 주셨다.

윤아와의 고등학교 3년은 마지막까지 신기록에의 도전이었다. 실제로 윤아는 3학년 2학기 마지막 기말시험까지 총 6학기를 단 한 번도 전교 1등을 놓친 적이 없었고, 3학년 2학기 I-TOP 대회에서는 대상을 받으며 아이패드를 부상으로 받기도 했다. 뿐만 아니라 교내상과 교외상, 그리고 교내 장학금과 부천시 장학금까지 모두 윤아의 차지였다. 학교생활기록부를 출력하던 행정실 직원이 "넌 뭐가 이리 많아? 계속 나오네."라고 말할 정도였다.

수다와 나눔 공부법으로 마음이 훨씬 편해졌어요

고등학교 3년 동안 전교 1등을 놓치지 않겠다는 명확한 목표를 통해 아이의 마음 속에 열정을 불러일으켜 주기는 하였지만, 사실상 그것을 실현시키기 위해서는 부단한 노력이 필요함을 잘 알고 있었다. 특히 몰입력, 이해력, 암기력 등의 학습 능력과는 별개로 전교 1등을 3년 내내 유지한다는 것은 상상을 초월하는 자기관리 능력이 필요했다. 1등을 놓치면 안 된다는 부담감과 불안감으로 스트레스 또한 엄청나며, 이로 인해 성격이 예민해지고 모나게 될 수도 있었다. 윤아가 나와의 약속을 지키기 위해 무한한 노력을 했듯이, 나 역시 윤아가 그 약속을 지킬 수 있도록 조력을 아끼지 않았다. 특히 내가 집중했던 것은 두 가지였다.

첫째, 수다로 스트레스를 풀어준다.

둘째, 전교 1등의 부담감과 불안감 때문에 학습 정보를 독점하려는 마음을 나누는 마음으로 극복하게 한다.

수다를 떨면서도 전교 1등을 유지하는 것이 가능한지 의아하겠지만, 사실 아이들은 공부에서 오는 스트레스 못지않게 친구나 선생님 등의 학습 외적인 부분에서 받는 스트레스도 만만치 않다. 이런 스트레스를 그때 그때 해결하지 못하면 학습에 집중할 수 있는 시간과 에너지를 그만큼 허비하게 된다.

공부에만 몰입할 수 있는 환경을 만들어주기 위해 나는 기꺼이 아이의 수다 상대가 되어주었다. 여학생들은 친구들과의 관계에서 스트레스가 엄청난데, 그 스트레스를 덜어주기 위해 윤아에게 친구들의 이야기든지, 학교 선생님 이야기든지 무엇이든지 마음껏 풀어놓을 수 있게 해주었다. 그 이야기의 소재가 무엇이든지 장단을 맞춰주며 호응을 해주었고, 억울한 이야기는 함께 흥분도 해주며 마음을 나눌 수 있는 즐거운 수다 상대가 되어주었다. 덕분에 윤아는 3년 동안 친구 관계나 학교 문제로 별다른 스트레스 없이 공부에만 전념할 수 있었다. 게다가 3년이 지나자 우리는 사제지간이 아닌 아주 친한 친구가 되어 있었다.

공부 외적인 부분에서 오는 스트레스는 수다로 풀 수 있도록 도왔지만, 전교 1등의 부담감과 불안감에서 오는 스트레스는 다른 방법을 써야 했다. 윤아는 전교 1등을 하고, 그것을 유지하려 노력하면서 점점 까칠해지기 시작했다.

윤아의 학업 스트레스를 풀어주기 위한 방법을 찾으려고 나는 다시 관찰을 시작했다. 관찰 결과, 윤아는 전교 1등이 된 이후로 친구들에게 다소 거만하게 굴고 있었다. 또 혹시라도 전교 1등 자리를 뺏길지 모른다는 불안감에 공부법을 들키지 않으려고 혼자 움켜쥐고 있었다. 나는 안타까운 마음이 들었다.

분명한 목표를 설정하고, 그 목표를 달성하려 노력하는 것은 참으로 대
견한 일이었다. 하지만 무엇보다도 그 여정이 행복하고 즐거워야 했다. 그
런데 아이는 힘겹게 그 길을 가고 있었다.

'아, 저러면 오래 못 버티는데 …, 함께 즐겨야 하는데, 어떡하지? 저 마
음을 어떻게 풀어줄 수 있을까?'

고민 끝에 나는 윤아와 같은 학년인 학원 아이들에게 한 가지 제안을 했
다. 윤아의 입장에선 다소 황당한 제안일 테지만 나에 대한 믿음이 큰 아이
이기에 나는 윤아가 결국엔 따라줄 것이라 믿었다.

"얘들아, 오늘부터 우리 함께 공부하자."

아이들은 내 말이 채 떨어지기도 전에 좋아서 환호성을 질렀다. 그동안
아이들은 스스로 학습 계획을 세우고 열심히 잘해나가고 있었지만, 혼자가
아닌 '함께'라는 단어에서 새삼 힘을 얻는 듯했다.

"대신 규칙을 정한다. 서로 필요할 때는 노트 필기도 보여주기, 복사도
해주기, 서로 다른 반들끼리 시험문제 정보 공유하기. 얘들아, 어때?"

아이들은 내 제안에 박수까지 치며 좋아했다. 하지만 유독 윤아만은 이
무슨 어이없는 말이냐는 듯 미간을 잔뜩 찌푸리며 나를 쳐다보았다. 예상
했던 일이었기에 나는 윤아를 조용히 불렀다.

"왜 그래? 뭐가 맘에 안 들어? 다른 친구들이랑 함께 공부하는 게 불
편해?"

"선생님, 저는 제 노트 보여주기 싫어요."

윤아가 뾰족하게 대답했다.

   울림이 있는 공부는 절대 배신하지 않는다

"그럴 수 있지. 넌 전교 1등인데. 그런데 네가 모든 걸 보여주고 알려준다고 해서 저기 있는 친구들 중 널 이길 수 있는 아이가 있니?"

"없긴 한데 ⋯. 아니, 당연히 없지요."

"그럼 베풀어. 그럼 너한테 더 좋은 것이 올거야."

윤아는 무슨 말인지 이해가 안 간다며 고개를 갸웃했지만, 이내 그 의미를 알게 되었다.

"얘들아, 윤아가 자기 노트를 공유한대. 그 노트가 전교 1등 노트인 거 알지? 아이스크림이라도 한 개씩 사줘라. 노트 공유는 엄청 어려운 결정이거든."

"와! 윤아 짱이다!"

"짱짱! 고마워, 내가 빵 사줄게."

"나는 아이스크림!"

"그럼 나는 과자!"

아이들의 폭발적인 호응에 윤아의 마음이 조금은 수그러든 듯했다. 나는 아이들에게 전교 1등인 윤아가 노트 공유를 어렵게 결정한 만큼 본인의 허락 없이 다른 아이들에게 보여주거나 복사해서는 안 된다고 새로운 규칙을 추가했다.

"당연하죠! 꼭 지킬게요."

아이들은 전교 1등의 노트를 공유할 수 있다는 사실에 기쁨의 환호성을 질렀지만, 윤아는 여전히 뾰로통한 표정으로 입을 삐죽였다. 하지만 싫다고 말하지 않는 것만으로도, 아이의 마음이 내 마음을 받아들이고 있음을 알 수 있었다.

나누니까 내 것이 채워지네요

"야! 누가 이거 보래? 너 나한테 허락 안 받았잖아. 내놔!"

공부를 함께 하던 중 결국 염려하던 일이 일어났다. 한 아이에게 체육노트를 복사해줬는데, 그 복사물을 다른 아이가 보고 있었던 것이다. 윤아의 입장에선 화가 나는 것이 당연했다. 어렵게 노트 공유를 결정했는데 자신의 허락을 받으라는 규칙이 어겨졌으니, 그동안 참았던 감정이 폭발한 것이었다.

사태의 심각성을 느낀 듯 모두가 긴장한 얼굴로 윤아를 쳐다보았다. 나는 상황 설명을 들은 후 복사물을 허락 없이 전해준 아이와 허락 없이 본 아이 둘을 모두 혼냈다. 아이들은 규칙을 어긴 것에 대해 윤아에게 진심으로 사과했고, 체육과목이라 대수롭지 않게 생각했다는 변명도 덧붙였다. 친구들의 사과에도 윤아는 기분이 풀리지 않았는지 여전히 씩씩거렸고, 나는 그런 윤아를 따로 불러 마음을 다독여주었다.

"그래, 네가 얼마나 속상할지 다 알아. 그런데 화만 내지 말고 한 번만 다시 생각해 봐. 저거 체육노트잖아. 그리 중요하지도 않은 과목이잖아."

"그래서 혼자만 본다고 해서 복사해 준건데 다른 아이들도 보여주잖아요."

"그래, 그건 확실히 쟤들이 잘못했어. 그런데 이제는 무슨 일이 있어도 네 허락을 꼭 받을 거야. 그건 쌤이 장담할게. 그리고 한 번 더 그러면 쌤이 아예 노트 공유를 못하게 할거야. 그러니 기분 풀어."

나는 윤아의 마음을 풀어줌과 동시에 이번 일을 계기로 아이들에게 더 단단하게 다짐을 해두었다. 한 번 더 상대의 허락 없이 노트 복사물을 돌리면 노트 공유 자체를 할 수 없다고 엄포를 놓았다. 그리고 윤아의 것을 받기만 할 것이 아니라 단 한 문제라도 좋으니 중요한 정보가 있으면 모두 함께 공유하자고 했다. 서로 반이 다르니 미처 알지 못했던 고급 정보를 얻을 수도 있기 때문이었다.

그렇게 우여곡절 끝에 준비한 시험에서 모든 아이들이 놀랄만한 결과물을 내놓았다. 윤아가 전교 1등을 지켜낸 것은 물론이고, 모든 아이들의 성적이 껑충껑충 올라갔다. 서로 아낌없이 공유함으로써 결국 Win-Win이 된 것이었다.

윤아를 비롯한 모든 아이들은 나눔 공부법의 효력을 성적이라는 결과물로 확인하곤 놀라워했다. 이후 아이들은 고등학교를 졸업할 때까지 노트와 정보를 공유하는 나눔 공부법으로 서로를 도왔다.

내 판단대로 나눔 공부법은 윤아의 전교 1등에 대한 불안감과 부담감을 덜어주는 데도 큰 도움이 됐다. 각 반의 선생님들께서 귀띔해준 특별 정보를 모두 볼 수 있어 전교에서 혼자 100점이 나오기도 했다. 윤아가 자신의 것을 아낌없이 나누어주자, 친구들은 더 소중한 한 문제를 윤아에게 나누어주어 마침내 완벽함을 이룰 수 있었던 것이다. 아홉을 아낌없이 주자 받는 사람이 고마워서 남은 한 개를 채워주어 열이 되는 나눔의 기쁨! 진정한 선순환의 Win-Win 공부법이었다. 게다가 윤아는 친구들에게 자신이 가진 아홉 개를 모두 나누어주었으므로, 자만하거나 방심하지 않고 더 열심히 공부를 하게 되었다.

윤아는 그렇게 전교 1등을 단 한 번도 놓치지 않겠다던 나와의 약속을 지키며 3년의 드라마를 완성시켰고, 4년 전액 장학금으로 대학에 진학하는 쾌거도 거뒀다. 힘들고 긴 여정을 나를 믿고 묵묵히 따라와 준 윤아가 대견스럽기 그지없다.

"윤아야, 선생님은 요즘도
그때만 생각하면 가슴이 뛴단다.
나를 믿고 무작정 뛰어와 준
네가 얼마나 고맙고 대견했는지.
언제나 그때처럼 너의 모든 것을
불태운다면 이루지 못할 것이 없단다."

우등생이지만 명확한 목표가 없는 내 아이,
이렇게 해보세요!

하나

작은 성공경험으로 자신감과 신뢰감을 쌓아주세요. 자신의 역량에 대해 잘 모르고 있는 아이는 작은 성공을 경험함으로써 자신감을 갖게 됩니다. 그 과정에서 함께 하는 조력자에 대해서도 믿음과 신뢰가 쌓인답니다.

둘

명확한 목표 세우기로 도전의식과 책임감을 부여하세요. 아이와 함께 명확한 꿈과 목표를 설정해보세요. 이때 바탕이 되어야 하는 것은 아이의 재능과 역량입니다. 스스로 정한 목표를 향해 도전할 수 있도록 격려하고 자신과의 약속을 지킬 수 있도록 책임감을 부여해주세요.

셋

목표를 세우되 강요하지 말아야 합니다. 스스로 달리는 아이가 끝까지 갈 수 있답니다. 이때 아이 혼자 그 길을 가도록 뒷짐 지고 지켜보아서는 안 됩니다. 어떤 경우라도 아이와 함께 한다는 마음으로, 늘 아이와 함께 해주세요.

넷

일상의 스트레스를 수다로 풀어주세요. 학업 외적인 부분에서 오는 스트레스는 수다로 풀게 해줌으로써 공부에 더욱 집중할 수 있도록 도와주세요.

다섯

전교 1등의 불안감과 부담감은 나눔의 마음으로 채워주세요. 1등의 부담감으로 예민해진 아이의 마음을 나눔의 마음으로 둥글게 만들어주세요. 뾰족하던 부분들이 채워져 결국엔 내면과 외면 모두 둥글둥글한 원으로 완성된답니다.

열심히 하는데
왜 성적이
엉망이죠?

성실하지만 성적이 부진한 아이

"내 안에 얼마나 아름다운 꽃봉오리가 있는지 아세요?"

베토벤, 발자크, 월트 스콧, 뉴턴, 다윈, 하이네, 에디슨, 아인슈타인의 공통점은 무엇일까? 우선 이들은 음악, 문학, 과학 등 특정 분야에서 천재적인 재능을 인정받은 인물들이다. 또한 이들은 남들보다 몇 배의 노력으로 각 분야의 대가가 되었다. 아인슈타인은 50년 간 248건의 논문을 썼고, 에디슨은 1,093건의 특허권을 따냈다. 베토벤 역시 끊임없는 노력과 끈기로 음악의 대가가 되었다. 그리고 이들에게는 우리가 미처 알지 못하는 놀라운 공통점이 하나 더 있다. 바로 이들 모두가 학창시절 열등생으로 불렸다는 점이다.

학창시절 베토벤은 음악선생님으로부터 '음악에 소질이 없다'는 평가를 받았고, 90편에 가까운 대하소설「인간희극」의 저자인 프랑스의 대작가 발자크는 학창시절 꼴지를 도맡아놓고 했었다. 또「아이반호」를 쓴 영국의 유명한 작가 월터 스콧 역시 학창시절 열등생의 상징인 종이 모자를 쓰고 항상 교실 구석에 앉아있었다고 한다.

천재적인 능력을 인정받은 이들조차도 학창시절 열등생으로 분류되었던 것을 보면, 아직 채 꽃도 피우지 않은 아이들을 쉽사리 단정 짓는 것이 얼마나 위험한 일인지 알 수 있다. 하나를 보면 열을 안다느니, 될 성 싶은 나무는 떡잎부터 알아본다느니 하며, 될 녀석과 안 될 녀석을 섣불리 구분 지어서는 안 된다. 남들보다 더 늦게 꽃을 피우는 아이들도 있고, 부단한 노력으로 보다 아름다운 꽃을 피우는 아이들도 얼마든지 있다.

학창시절 열등생으로 낙인 찍혔던 월터 스콧은 학과 공부에는 부진했지만 문학에 관심이 많았고, 특히 아름다운 시를 보면 열심히 외우며 남몰래 낭송을 하기도 했다고 한다. 13살이 되던 무렵 그는 우연한 기회에 유명한 문필가 모임에서 시 낭송을 하게 되었는데, 그의 시 낭송을 들은 시인 로버트 번스는 '위대한 시인이 될 인물'이라며 칭찬을 아끼지 않았다고 한다. 이 칭찬에 힘을 얻은 월터 스콧은 시인의 꿈을 품고 열심히 시를 쓰기 시작했고, 마침내 전 세계가 칭송하는 훌륭한 시인이 되었다.

월터 스콧의 경우만 보더라도 우리가 할 일은, 섣부른 단정이 아니라 아이들이 꽃을 피울 수 있도록 믿고 기다려주며 돕는 일이라는 것을 알 수가 있다.

중학교 2학년 때 워드프로세서 자격증을 따기 위해 학원을 찾은 창수는 사업을 하시는 아버지의 영향으로 경제관념이 뛰어나고 사람들과의 친화력도 뛰어난 믿음직한 아이였다. 그러나 학교 시험에 백지를 낼 정도로 공부에는 재능도 취미도 없어 보였다. 그래서인지 부모님은 물론이고 나 역시 창수에게 학업적인 기대는 하지 않았었다. 하지만 아이를 지켜보며 나는 그것이 얼마나 위험한 단정인지 알게 되었다.

내 진로는 내가 결정해요

부진한 교과 성적과는 달리 창수는 컴퓨터에 관한 재능이나 포부가 남다른 아이였다. 안산에 있는 디지털미디어고등학교에 진학하겠다는 분명한 목표를 가지고 있었고, C언어를 공부하면서 실질적인 도전도 시작하고 있었다.

안산디지털미디어고등학교는 상위 10% 성적을 유지하는 학생들이 진학하는 학교인 탓에 창수는 결국 원하던 학교에 진학하지는 못했다. 비록 자신이 바라던 학교에 진학하지는 못했지만 스스로 자신의 진로를 탐색하며 야무지게 준비를 해나가는 모습에서 나는 내가 미처 발견하지 못한 또 다른 면이 그 아이에게 있으리라는 기대를 품게 되었다.

중3의 막바지를 달리고 있던 어느 날이었다. 창수의 아버지께서 나와 상담을 하기 위해 학원을 찾아오셨다. 창수의 진학 문제를 상담하기 위해 학교에 갈 계획인데, 그 전에 나와 먼저 상담을 하고 싶어 하셨다.

"담임선생님을 뵙기 전에 선생님을 먼저 뵙고 아들 녀석에 대한 올바른 선택을 하고자 들렀으니 솔직히 말씀해 주셨으면 고맙겠습니다."

그 마음을 십분 이해하기에 나는 그동안 지켜본 창수의 모습에 대해 솔직하게 말씀을 드렸다. 그래야지만 더 현명한 결정을 하실 수 있을 것 같아서였다.

"아버님, 제가 그동안 보아 온 창수는 죄송하지만 공부에는 재능이 없는 듯합니다. 차라리 지금 다니는 보습학원을 그만두게 하고, 본인이 원하는 진로를 선택하게 하는 편이 나을 듯합니다."

"공부로는 안 되겠습니까?"

"죄송합니다. 공부는 암기력과 이해력, 의지 등 많은 것이 있어야 하는데, 창수는 공부보다는 경제관념도 뛰어난 데다 친화력이 좋으니 그 부분을 살려주시는 편이 나을 듯합니다."

나의 솔직한 이야기에 창수 아버지께서는 고개를 끄덕이셨고, 창수의 뜻대로 진로를 IT쪽으로 잡고 정보고에 진학시키기로 결정하셨다. 창수와 부모님의 의견이 한 곳으로 모아졌기에 이제는 전략을 짜고 앞으로 나아가면 되겠다고 생각했는데, 갑자기 제동이 걸렸다. 이미 고등학교 입학원서까지 낸 뒤인 중3 겨울방학에 창수가 느닷없이 IT 관련 일이 아닌 제과제빵으로 진로를 바꾸겠다는 것이었다.

갑작스런 진로 변경으로 집안이 발칵 뒤집어졌고, 창수 어머니께서는 어찌해야 좋을지 나에게 의논을 해오셨다. 진학이 결정된 정보고는 IT 관련 공부를 하는 학교이기에 제과제빵을 공부하기 위해서는 3년 동안 혼자 학원을 다니며 스스로 공부를 해야 하는 상황이었다. 창수 부모님은 물론 나 역시 걱정이 이만저만이 아니었다. 나는 직접 이야기를 들어보는 것이 우선이라는 생각에 창수를 불렀다.

"창수야, 왜 그런 생각을 했니?"

"선생님, 저는 제과제빵을 공부하고 싶어요. 제과점에서 케이크를 만들어 봤는데 너무 재미있었어요. 그리고 장사도 잘 되는 것 같더라고요."

"아, 그랬어? 케이크를 만드는 일이 재미있었구나."

"네. 다음엔 빵도 만들어 보고 싶어요."

"그런데 취미가 아닌 생업으로 그 일을 하면 생각보다 힘이 많이 들지도 몰라. 그리고 네가 정보고로 진학하면 결국 제과제빵은 너 혼자 학원을 다니며 공부를 해야 하는데, 괜찮겠니?"

"네. 이미 각오하고 있어요."

창수는 빵맛도 좋고 장사도 잘 되는 유명한 빵집들도 이미 알아두었다며 신나했다.

"그래. 그럼 창수가 빵집 경영이나 제과제빵 학원 등에 대해 조사를 좀 더 해봐. 그런 후에 부모님과 다시 한 번 상의를 해보는 게 어떨까?"

창수는 내 말에 흔쾌히 동의했다. 그리고 일주일 동안 제과제빵 학원과 인근 지역의 제과점 등도 함께 조사해 보겠다고 했다.

"선생님, 저 그냥 IT쪽으로 진로를 정했어요. 일주일 동안 부천과 시흥 두 지역을 먼저 조사해 봤는데, 제가 생각한 것처럼 쉽고 재미있는 일만은 아니었어요. 게다가 돈도 그리 많이 벌지 못하고 일하는 것도 엄청 힘들더라고요."

창수는 자신이 일주일 동안 조사한 것에 대해 자세히 설명을 했다. 그리고 이번 조사를 계기로 자신이 진짜 원하는 일이 IT쪽임을 확실히 깨달았다고 했다. 시장조사와 업무파악, 관련 자격증 취득 등의 대략적인 직업 탐색을 한 후 겉모습만 보고 환상에 젖어 선택했을 뿐, 자신이 진짜 원하는 일이 아니었다는 것이었다. 그렇게 창수는 입학 전에 심한 폭풍을 겪고 난 후 IT에 더 강한 확신을 갖게 되었다.

내 문제가 먼지 이제야 알겠어요!

비온 뒤에 땅이 굳는다는 말처럼 짧은 방황 뒤에 얻은 강한 확신은 창수가 고등학교에 진학한 후 학업에 더욱 열중할 수 있는 힘을 선물해주었다. 창수는 남들보다 시험 준비를 2주 먼저 시작했고, 노트 정리와 외우기를 반복했다. 노트에 정리한 내용을 안 보고도 막힘없이 말을 할 정도까지 외우고 또 외웠다.

그렇게 열심히 공부를 했건만 창수는 고등학교 첫 시험에서 58점이라는 낮은 점수를 받았다. 아이의 노력에 비해 너무나도 터무니없는 점수에 나는 허망하기까지 했다.

'이 아이는 도저히 안 되는 걸까? 여기까지인가!'

그동안 많은 아이들을 코칭하며 겉으로 보이는 것이 전부가 아님을 보아왔었다. 아직 발견되지 않은 잠재역량이 있다는 것도 확인했었다.

그럼에도 이번만큼은 코치로서의 내 자신의 한계를 시인해야 할 것 같았다.

그렇게 허망해하는 나와는 달리 창수는 시험을 망친 후에도 멈추지 않고 열심히 공부했다. 그럼에도 성적은 늘 제자리걸음인데다 대회에 나가면 혼자만 상을 타지 못했다. 힘이 빠질 만도 한데 놀랍게도 창수는 지치지 않고, 포기하지 않고 늘 열심히 했다.

안타까운 마음으로 그 모습을 지켜보던 나는 창수가 외우고 있던 문제를 하나 골라 왜 그런지 원리에 대한 질문을 했다. 아이는 제대로 설명을 하지 못하고 긴장하면서 횡설수설했다.

이쯤에서 나는 억지를 한 번 부려 보기로 했다. 1,500번 깜지 쓰기를 숙제로 낸 것이다. 당연히 해 올 수 없는 숙제임을 알고 있었다. 그런데 그 다음날 창수는 놀랍게도 1,500번 깜지 쓰기 숙제를 모두 해왔다. 미련할 정도로 성실한 아이의 모습에 나는 입이 떡 벌어졌다. 이거구나! 나는 창수가 얼마나 공부를 잘하고 싶어 하는지 그제야 알 수 있었다.

'그래 이 정도의 의지와 성실함이 있다면 될 수 있다. 내가 너무 쉽게 포기했구나.'

그때부터 창수에 대한 새로운 관찰이 시작되었다. 왜 그럴까? 암기력도 좋고, 누구보다도 열심히 하는데 무엇이 문제일까? 저 정도면 대회에서 장려상이라도 받아야 하고, 성적이 최소한 80점은 나와야 되는데, 도대체 왜 그럴까? 나는 아이의 성실함과 긍정적인 의지의 잠재역량을 어떻게 성적이라는 결과물로 연결시켜 줄지를 고민하고 또 고민했다.

그러던 어느 날, 나는 창수에게서 큰 문제점 하나를 발견했다. 여느 때처럼 성실하게 공부를 하던 창수는 시험 전날이 되자 들떠서 내게 자랑을 했다. 이번 시험은 준비를 정말 많이 했기 때문에 분명 100점을 받을 것이라 자신했다. 그런데 막상 시험을 치른 첫 날, 아이는 시무룩한 얼굴로 학원에 왔다.

"시험을 망쳤어요."

눈앞이 깜깜했다. 마음을 다잡고 조심스럽게 물어봤다.

"시험이 어려웠어?"

"아니요. 근데 다 틀렸어요."

시험지를 보니까 다 아는 문제라 무척이나 신이 났다고 한다. 그래서 답 체크를 열심히 했는데 다 틀렸다는 것이다.

"창수야, 너 시험 볼 때 기분이 어떠니?"

나는 뭔가 짐작 가는 것이 있어 시험을 치를 때의 아이의 심리상태를 물었다.

"외운 것이 나와서 흥분돼요. 100점을 받을 것이라 확신하며 신나게 문제를 풀어요."

이거였다! 다른 아이들보다 시험 준비를 2주나 빨리 하다 보니 외우기가 잘 되어, 시험지만 보면 흥분해 문제를 제대로 못 보는 것이었다.

원인을 찾았으니 차근차근 해결해 나갈 일만 남았다. 무엇보다도 시험지만 보면 흥분하는 아이의 마음을 차분하게 누그러뜨려줄 필요가 있었다. 나는 창수에게 시험지를 볼 때 흥분되는 마음을 표현하게 하고, 그것

을 어떤 마음으로 바꿔야지만 시험을 잘 치를 수 있을지를 스스로 생각해
보게 했다.

창수는 흥분된 마음을 가라앉히고 차분하고 침착하게 시험을 치러야지
만 좋은 결과가 나온다는 것을 알고 있었다. 그리고 자신의 마음을 다스리
기 위해 시험 보는 날 시험지를 보면 우선 눈을 감고 손바닥을 꾸욱 누르며
심호흡을 하겠다고 했다.

고등학교 첫 시험에서 평균 58점의 성적을 받았던 창수는 다음 시험
에서 점수가 80점대로 껑충 올라가는 놀라운 결과를 가지고 왔다. 스스
로 해답을 찾아내어 성적을 올린 것이 너무도 대견해 나는 아이에게 폭
풍 칭찬을 해주었다. 그러나 창수는 그 점수에 만족하지 않았다. 90점을
넘기지 못한 것을 무척이나 속상해하며 더 노력해야 할 부분을 스스로 찾
아갔다.

그러던 어느 날 시험이 가까워지자 창수는 이전과는 전혀 다른 행동을
하기 시작했다. 시험이 다가올수록 외우기에 더 주력하던 아이가 이번에는
어쩐 일인지 외우기를 하지 않고 교과서를 읽고 또 읽기 시작했다.

"창수야, 왜 교과서만 읽어?"

"우리 반 친구 중 한 명이 교과서만 읽어서 3등을 했어요. 그래서 저도
교과서를 열심히 읽어보려고요."

"오호! 좋은 방법이다. 넌 암기는 충분하니 교과서 읽기로 정리하면서
암기한 내용을 상기하면 되겠다. 우와, 우리 창수 정말 멋지다!"

나는 이번에도 아이의 판단에 칭찬을 아끼지 않았다. 아이는 암기력만

으로는 안 되는 한계에 부딪치자 이번에도 스스로 자신에게 부족한 면을 채우는 방법을 찾아낸 것이었다. 기특하고 대견했다.

결국 창수의 판단은 적중했고, 시험 결과 10과목 중 6과목이 90점을 넘었다. 제과제빵을 통한 스스로의 진로탐색을 해본 경험과 1,500번의 깜지 쓰기를 묵묵히 해내는 성실함, 그리고 끝까지 포기하지 않는 긍정적 마인드가 마침내 스스로 길을 찾는 결과를 낳은 것이었다.

이후 꾸준히 상위권의 성적을 유지한 창수는 당당히 4년제 대학에 진학을 하였다.

나의 혹독한 트레이닝 탓에 두 번 다시 나를 아는 척 하지 않을 줄 알았건만 오히려 내게 감사하다며 연락을 해왔다.

"이 모든 것이 선생님이 끝까지 저와 함께 해주신 덕분이에요. 공부를 가르쳐주지도 않는데 왜 그 학원을 다니느냐, 혼자 하는 거랑 뭐가 다르냐고 하던 친구도 있었지만 저는 이제 알아요. 선생님이 제게 무엇을 해주신 건지."

창수가 내게 한 말은 아마도 내가 그동안 가장 듣고 싶었던 말이었을 것이다. 족집게 선생이니, 입시전문가니 하는 말보다 이 아이의 말이 가슴에 더 와 닿았다. 아이의 의젓한 말에서 나는 내 일의 가치와 보람을 새삼 느끼게 되었다. 답을 가르쳐주기보다는 답을 찾는 방법을, 그리고 방법을 가르쳐주기보다는 스스로 방법을 찾도록 유도하는 것이 진정한 가르침이다. 비록 시간은 더 걸리겠지만, 그것이 진정 아이 스스로 더 멀리, 굳건히 나아가게 하는 힘을 길러주는 길이다.

새는 아무리 먼 곳이라도 스스로 길을 찾아 날아간다. 해를 기준 삼아 방향을 찾는다. 온갖 비행 지식과 정보를 달달 외우고 공부하지 않더라도 말이다. 목적지를 입력하면 알아서 길을 찾아주는 네비게이션과 같은 문명의 기기로부터 도움을 받지도 않는다. 그저 스스로 오전에는 왼쪽에, 오후에는 오른쪽에 해를 두고 날아가면서 방향을 가늠하고 길을 찾아간다. 이제 창수도 자신의 해를 바라보며 스스로 방향을 찾아 새처럼 훨훨 날갯짓을 하며 꿈을 이루어가지 않을까?

"창수야, 내가 너를 섣불리 일반화하여
포기했더라면 어떻게 되었을까?
선생님에게 너의 참모습을 보여주고
기다려주고 잘 따라와 줘서 정말 고마웠어."

성실하지만 성적이 부진한 내 아이, 이렇게 해보세요!

하나	'넌 못하는 아이니까 이럴 거야' 라고 너무 쉽게 일반화하지 마세요. 비록 속도는 느리지만 누구보다도 아름다운 꽃을 피우는 아이들이 적지 않으니까요.
둘	너무 쉽게 포기하지 마세요. 가장 마지막까지 아이를 믿고 이끌어주어야 할 사람은 다름 아닌 엄마입니다.
셋	아이의 진짜 마음을 알아내어야 합니다. 창수가 묵묵히 1,500번 깜지 쓰기 숙제를 해낸 것은 시간이 남아돌거나 미련해서가 아니에요. 잘하고 싶다는 마음의 표현이랍니다. 아이가 보내는 진짜 마음의 메시지를 놓치지 마세요.
넷	엄마가 모든 것을 다 가르쳐주고 결정해주려고 하지 마세요. 가능한 한 아이 스스로 도전하고, 스스로 판단하고 결정하게 해주세요. 비록 좌충우돌할지라도, 스스로 찾은 길이 진짜 자신의 길이랍니다.
다섯	스스로 한 번 해본 경험이 또 다른 경험을 낳게 합니다. 다양한 분야에서 더 많은 경험을 해볼 수 있도록 적극 지원해주세요.

함께해주면 훨씬 더 잘 할 거 같아요!

스스로의 한계를 뛰어넘지 못하는 아이

"어려워요! 힘들어요!"

학생들에게 '공부'에 관한 질문을 던지면 너나없이 외쳐대는 대답이다. 내심 "재밌어요, 즐거워요."를 기대하지만 사실 그게 그렇지만은 않다는 것을 우리는 이미 알고 있지 않은가!

그렇다면 '어렵다, 힘들다'고 말하는 아이들의 단순한 대답에서 공부를 좀 더 쉽고 재미있게 할 수 있는 방법을 찾는 것은 어떨까? 어려운 것은 좀 더 쉽게 가르쳐주면서 아이가 이해할 때까지 애써주면 된다. 그리고 아이가 힘들어 하는 것은 함께 나누어질 수가 없는 것이므로, 아이가 덜 힘들다

 울림이 있는 공부는 절대 배신하지 않는다

고 느낄 수 있게 스스로의 힘을 길러주어야 한다.

군이 공부가 아니더라도 우리는 살아가면서 도저히 넘을 수 없는, 그러나 다음 단계로 나아가기 위해서는 반드시 넘어야 하는 벽을 만나기도 한다. 그런데 이 벽은 그것을 뛰어넘을 의지와 힘이 없다면 결코 넘을 수가 없다. 마치 액체가 기체로 변하기 위해서는 특정 온도와 압력을 지나야 하는 것처럼, 모든 물질에는 그 근본적인 성질을 변화시키기 위해 절대적으로 요구되는 온도와 압력이 있다. 흔히들 이것을 '임계점'이라고 하는데, 장거리 달리기 등의 체력활동에서는 이를 '데드포인트'라고도 한다.

마라톤과 같은 장거리 달리기에서도 웬만큼 훈련된 선수가 아니고서는 이러한 임계점(데드포인트)을 뛰어넘기가 쉽지 않다. 숨이 턱까지 차오르고 팔다리가 내 몸이 아닌 것처럼 느껴져서 더 달리다가는 죽을 것 같은 위기감에 그만 포기하고 마는 것이다. 그럼에도 분명한 것은 그것을 극복하고 결승점까지 달리는 선수들도 있다는 것이다. 이들이 마라톤을 완주할 수 있는 것은 남들과 다른 특출한 체력과 정신력을 타고났기 때문만은 아니다. 이것은 평소 이러한 임계점을 뛰어넘기 위한 이들의 피나는 노력의 결과이다.

공부에서도 이러한 임계점이 분명히 있다. 예를 들어 제아무리 노력해도 평균 90점을 넘지 못하는 아이가 90점을 넘어서기 위해서는 평소 자신의 노력을 뛰어넘는, 그야말로 '피나는 노력'이 필요하다. 그리고 이러한 임계점을 넘어서는 아이만이 다음 단계로 전진할 수 있는 힘을 얻게 된다. 하지만 말처럼 쉬운 인생이 어디 있겠는가? 더군다나 아이들은 성인과 비교해 아직은 모든 면에서 여린 존재이기 때문에 '할 수 있어!', '임계점을 뛰어넘어야 해!'라는 단순한 응원만으로는 그 벽을 뛰어넘게 할 수가 없다. 이때 우리가 할 수 있는 일은 아이와 함께 그 벽을 뛰어넘어주는 일이다.

초등학교 4학년 남학생인 힘찬이는 성실하고 매사에 열심인 아이였지만, 성적은 늘 80점대 초반에서 머물며 향상될 기미를 보이지 않고 있었다. 관찰 결과 힘찬이는 제 나름대로 열심히 노력은 하고 있었지만 임계점을 넘을 만큼의 강도는 아니었다. 하지만 힘찬이는 미처 그것을 깨닫지 못하고 있었다.

평소 성실한 성격의 힘찬이였기에 학습의 강도를 높이는 것에 거부감이 없을 것이라 짐작했다. 또 누군가가 함께 해준다면 임계점을 훌쩍 뛰어넘을만한 힘도 가지고 있다는 판단이 들었기에, 나는 기꺼이 그 아이의 손을 잡고 함께 나아가기로 했다.

쌤과 공부하고 싶어요

힘찬이는 초등학교 4학년 때 나를 찾아왔다. 아이는 컴퓨터를 배워 정보기술자격(ITQ)을 취득하겠다는 야무진 목표도 세워둔 상태였다. 힘찬이는 첫 수업시간부터 나를 놀라게 했다. 늘 같은 시각에 와서는 같은 자리에 앉아 초롱초롱한 눈빛으로 수업을 들었다. 게다가 힘찬이는 늘 한 손에 책을 들고 다니며 짬이 날 때마다 그 책을 읽고 있었다. 초등학생이 그런 성실한 모습을 보이는 것이 신기하고 기특해서, 나는 특별히 관심을 갖기 시작했다.

성실함, 그것도 책 읽기를 좋아하는 것은 최고의 잠재역량이었다. 나는 힘찬이의 잠재역량을 강점으로 키워주기 위해 부모님과의 상담을 통해, 부모님의 동의하에 힘찬이를 컴퓨터 자격증 및 전국대회반에 합류시켰다.

초등학생 시기는 유아기와 마찬가지로 스펀지처럼 흡수력이 뛰어나다. 그래서 무조건적인 교과학습보다는 무언가를 규칙적이고 성실하게 하는 습관과 힘을 기르는 것이 우선이다. 이런 습관과 힘만 잘 다져두면 중학교에 진학한 후 진짜 공부를 해야 할 때 훨씬 수월하게 자신의 역량을 발휘할 수 있다. 그동안 내공이 길러졌기 때문이다.

예상대로 힘찬이는 아무런 불평도 없이, 오히려 그것을 당연한 것으로 받아들이며 모든 트레이닝을 따라왔다. 타자 빨리 치기, 문제집 한 권 외우기를 순탄하게 따라와줬던 것은 물론이고, 주말에도 내가 부르면 언제든지 기쁜 마음으로 달려와 줬다. 친구들과 노는 것이 더 큰 즐거움일 그 나이에, 분명한 목표를 세우고 나를 따라주니 예쁘기 그지없었다.

당연한 결과이겠지만 힘찬이는 자신이 목표로 했던 자격증 취득은 물론 컴퓨터 전국대회에서 모든 상을 휩쓸었다. 그렇게 두 해가 흐르고 중학교에 진학한 후에도 힘찬이는 나에게 지속적으로 트레이닝을 받았다.

힘찬이가 중학교 1학년 겨울방학을 맞았던 1월 초, 내가 잠시 가족들과 해외여행을 간 사이 어머니가 학원을 다녀가시며 나에게 꼭 연락을 바란다는 메시지를 남기고 가셨었다. 나는 이제 중학교 2학년을 목전에 두고 있는 아이니만큼 학습에 전념하기 위해 컴퓨터 학원을 그만두려고 하시나 보다 하고 막연하게 생각했다. 그런데 막상 어머니를 만나니 너무도 뜻밖의 말씀을 하셨다.

"우리 아이가 선생님하고 계속 공부하고 싶어해요."

"네?"

"사실 얼마 전 힘찬이를 유명 영어 학원에 보냈는데, 한 달만에 안 가겠다고 하네요. 그리고는 선생님이랑 공부하고 싶다며 이 학원에 계속 다니고 싶어해요."

당시 나는 고등부만 스터디 코칭을 하고 있었기에 중등부 코칭은 계획이 없던 상태였다. 그래서 힘찬이가 중3이 되면 나에게 코칭을 받는 것으로 하자고 말씀드렸다.

"아이가 선생님이 아니면 공부를 안 하겠다고 하네요. 부탁드릴게요. 계속 지도해주세요."

나는 힘찬이를 아끼는 마음이 컸기에 일단 아이와 먼저 이야기를 나눠보겠노라고 했다. 그리고는 다음 날 바로 아이와 상담을 했다.

"힘찬아, 왜 나랑 공부하고 싶다고 했니?"

"쌤이 저에 대한 대학 목표가 있다고 하셨잖아요?"

"그랬지. 지금도 난 널 4년 장학생으로 대학에 보내고 싶은 목표가 있어."

"그거 하고 싶어요. 선생님이랑 같이."

나는 힘찬이가 오래 전에 내가 했던 말을 잊지 않고 기억하고 있는 것이 고마웠다. 그리고 무엇보다도 나를 믿고 따라와 줄 준비가 되어있는 것이 너무나 대견했다. 힘찬이는 그동안 내가 자신을 위해 함께 고생하고 주말도 없이 보냈던 날들에 감사했고, 그 감사는 곧 나에 대한 애정과 믿음으로 발전해 있었다.

"쌤이랑 하면 엄청 힘들 텐데 …. 할 수 있지? 견딜 수 있지?"

"당연하죠! 할 수 있어요."

그날 우리는 서로의 믿음을 확인하고 멋지게 성공하자는 다짐을 했다.

저 공부 더 할 수 있어요!

힘찬이의 임계점을 넘는 코칭 항해는 그렇게 시작되었다. 학교 수업이 끝나면 힘찬이는 곧장 학원으로 달려왔고, 밤 10시까지 스스로 학습을 했다. 나는 아이의 곁에서 함께하며 학습습관을 체크하며, 어디서 어려움을 겪고 있는지를 관찰하기 시작했다.

'성실하고 모범적인 이 아이가 왜 80점대 초반에서 머물고 성적이 더 이상 향상되지 않는 걸까? 공부 방법이 문제인가? 아니면 미처 극복하지 못한 또 다른 어려움이 있는 것일까?'

지난 3년 동안 힘찬이와 함께하며 의지력, 지구력, 인내심, 그리고 암기력까지 향상시키며 공부를 잘 할 수 있는 환경을 만들어 놓았다고 확신했다. 그럼에도 왜 성적이 자신의 한계를 뛰어넘지 못하는 것일까? 그 이유가 뭘까? 나의 고민은 깊어만 갔고, 그럴수록 나는 더욱 세심하게 아이를 관찰해 나갔다.

힘찬이와 함께 단계별 목표를 정하고 그에 따른 학습 계획과 공부량을 정했다. 힘찬이는 지난 몇 년 간 자신에게 주어진 과제를 묵묵히 해낼 수 있는 힘을 길러둔 덕분에 뭐든지 잘 따라왔다. 그런데 얼마 지나지 않아 힘찬이의 문제가 하나씩 보이기 시작했다. 우선 힘찬이는 자신이 얼마만큼 공부를 해야 하는지를 모르고 있었다. 나름 열심히 한다고는 하지만 힘찬이는 자신의 역량의 10% 정도 밖에 사용하지 않고 있었다.

'자 이제부터는 이 아이의 한계점, 임계점을 넘어서게 해주자.'

임계점을 넘는 것! 힘찬이에 대한 명확한 코칭 목표가 설정되었다. 우선 아이와의 대화를 통해 아이가 자신의 역량을 제대로 발휘하지 못하는 것은 집안 분위기에도 그 원인이 있음을 알아냈다. 고등학교에서 학생들을 가르치는 힘찬이의 부모님께선 시험 전날 무리하기보다는 평소 꾸준한 학습이 더 중요하다고 생각하셨다. 그래서 "시험 보기 전날은 일찍 자야 한다. 공부는 미리미리 해놓고 시험보기 전날은 일찍 자며 컨디션을 조절해라."하시며 10시가 되면 힘찬이에게 침대에 누우라고 하셨단다. 어찌 보면 옳은 말씀이지만 힘찬이처럼 공부를 더 하고 싶어 하는 아이에게 그런 원칙을 적용하는 것은 바람직해 보이지 않았다. 실제로 힘찬이는 부모님이 정해놓은 취침시각에 침대에 눕기만 할 뿐 늘 한두 시간 뒤에나 잠이 들었다고 했다.

   울림이 있는 공부는 절대 배신하지 않는다

"부모님이 자라고 해서 10시에 침대에 눕기는 하지만요, 저는 잠이 오지 않아 한참 뒤에야 잠들어요."

"그럼 넌 몇 시쯤 자니?"

"11시 30분이나 12시쯤이요. 늘 그쯤에 잠들거든요."

힘찬이는 부모님의 성화에 못 이겨 자는 척했지만, 그 때까지 눈만 감은 채 그냥 누워 있다고 했다.

"그럼 너 공부를 조금 더 해도 되겠네?"

"네. 어차피 잠도 안 오니 공부 더 할 수 있어요."

나는 그날부터 힘찬이를 좀 더 늦은 시각까지 공부를 시켰다. 아이의 귀가가 늦어지자 걱정된 마음에 어머니가 전화를 하셨다. 나는 집이 가까우니 할 만큼 하고 보내겠다며 안심시켜드렸다.

"어머님, 힘찬이도 공부를 더 하고 싶어 하고요, 집도 가까우니 제가 할 만큼 하고 보낼게요."

다행이도 지난 몇 년 간 내 모습을 지켜보며 신뢰감이 형성되어 있었기 때문인지 힘찬이 어머니는 그날 이후로 나의 의견에 잘 따라 주시고 무조건 믿어주셨다.

임계점을 넘기 위한 본격적인 마음 코칭 훈련이 시작되자 힘찬이는 조금씩 힘들어하는 모습을 보였고, 강도를 점점 높여갈수록 아이는 더 헉헉거렸다.

"쌤, 다 했어요. 이제 그만 해도 되죠?"

"아니, 안 돼. 더 해야 해."

　　나는 힘찬이가 자신의 임계점 앞에서 주저앉으려고 하는 것을 단호하게 붙잡았다. 힘들어하는 아이를 보면 마음이 아팠지만, 나는 힘찬이가 자신의 한계를 뛰어넘길 누구보다도 바라고 있다는 것을 알고 있었다. 힘찬이는 그것을 함께 넘자고 내게 손을 내밀었고, 나는 그 손을 잡아주었다. 그러니 무슨 일이 있어도 우리는 그 벽을 넘어야만 했다.

공부는 마음이다

"어휴, 너무 힘들어요."

"너 정말 공부를 잘하고 싶니?"

"네."

입에서 연신 힘들다는 말이 나왔지만, 힘찬이는 공부를 잘하고 싶다는 의지가 더욱 강했기에 다시 극복해나가고자 했다. 나는 이쯤 해서 아이가 스스로의 마음을 다스릴 수 있는 마인드컨트롤이 필요함을 느꼈다.

　　"자, 선생님 따라해 봐. 숨을 깊게 들이쉬고 그리고 천천히 밖으로 내뱉어봐."

　　"이렇게요."

　　우선 호흡 고르기부터 시작했다. 내가 먼저 시범을 보이자 힘찬이가 이내 따라했다.

　　"그렇지! 잘한다. 자, 이번에는 소리를 내봐. 이렇게 휴우 한숨 쉬듯이 말이야."

　　이번에도 힘찬이가 나를 따라했다. 아이는 온몸의 힘듦이 묻어나는 깊

　　　　　　　　　　울림이 있는 공부는 절대 배신하지 않는다

은 한숨을 내뱉었다.

"이제 힘들면 힘들다는 말 대신 이렇게 호흡을 하면서 휴우 하고 숨을 내뱉어 보렴. 그러면 쌤은 네가 얼마만큼 힘든지 알 수 있어. '힘들다'를 말로 해버리면 힘듦을 스스로 한 번 더 인정하게 되니 더 많이 힘들어져. 쌤말 무슨 뜻인지 알겠어?"

"네. 그렇게 해볼게요."

힘찬이에게 힘들 때는 그렇게 스스로 마인드컨트롤 하는 법을 알려주고, 그 자리에서 10번을 반복하게 했다.

"어때? 다시 공부할 수 있겠어?"

"네. 조금은 편해지는 것 같아요."

자신의 힘듦을 알아주고, 호흡에 마음을 담아 힘듦을 날려 보내는 법을 알려주자 힘찬이는 훨씬 더 힘을 내어 전진할 수 있었다. 나는 매일 밤 12시가 될 때까지 아이의 옆에 있어주었고, 아이가 힘들어하는 모습이 보이면 중간중간 마음을 다스리는 호흡과 함께 '공부는 마음이다!' 라는 말을 외치도록 했다. 덕분에 힘찬이는 자신의 공부량의 3배, 5배에 도전하며 나와 함께 앞으로 나아갔다.

진정한 피와 땀이 어린 노력의 결과는 늘 그렇듯 황홀한 기쁨이다. 80점 초반대의 점수를 넘지 못하던 아이가 중학교 2학년 중간고사 성적이 93점이 나왔다. 드디어 한계점, 임계점을 넘어선 것이다. 그 이후 힘찬이는 3개월간 더 코칭을 받았고, 나에게서 총 6개월의 코칭을 받은 후 혼자 자기주도 공부를 하게 되었다. 자립 능력이 키워진 새끼 사자가 어느 순간 어미 사자의 품을 떠나듯 어쩌면 그것은 당연한 수순이었고, 나는 서운함보다는 기쁨과 행복감으로 격려를 아끼지 않았다.

"선생님! 저 평균 97점으로 전교 2등 했어요!!"

1년 반이 지난 후 연락이 왔다. 중학교 마지막 기말 시험을 평균 97점으로 전교 2등을 했다는 것이다. 기특하기 그지없었다. 이후에도 힘찬이는 내 기대를 저버리지 않았다. 현재 고등학교 3학년인 힘찬이는 사교육 없이 혼자 공부하면서 1등급을 쉽게 유지하고 있다.

성실함과 뚜렷한 목표의식이 있는 아이는, 자신의 능력을 뛰어넘을 수 있도록 도와줌으로써 잠재된 역량을 한껏 끌어낼 수 있다. 힘찬이의 경우만 하더라도 초등학교 때 자신이 목표로 하던 컴퓨터자격증 취득을 위해 무언가에 집중하고 열심히 할 수 있는 환경을 먼저 만들어 주었다. 그리고 작은 성취를 통해 아이의 자신감이 충만해졌을 때 자연스럽게 학습으로 방향을 전환시켜 주었다.

힘찬이는 평소 자신의 한계라고 생각하던 평균 80점대의 벽을 뛰어넘기로 목표를 정했고, 나는 아이와 함께하며 이겨내는 힘, 도전하는 힘을 길러줌으로써 진짜 공부를 할 시기에 자신의 한계라고 생각했던 임계점을 넘을 수 있도록 도와주었다.

돌이켜 보면, 힘찬이가 스스로 판단하게 하고 필요한 부분을 표현할 수 있게 하고, 누군가 옆에서 함께해주었던 것이 힘찬이의 성장과 성공의 비결인 듯하다. 자신의 임계점을 넘지 못하는 아이에게는 "할 수 있어!"라는 응원의 말보다는 늘 함께해주는 내 편이 있다는 것이 더 큰 힘이 된다. 말이 아닌 함께 있어주는 것이 때로는 최고의 코칭일 수 있다.

"힘찬아, 네가 최선을 다했다고
생각하는 그때, 멈춰 서지 말고
한 발짝만 더 나아가봐.
그곳에 네가 얻고자 하는 것이 있을 거야."

하나	때로는 말이 아니라 함께 힘듦을 견딜 수 있는 내 편이 필요할 때도 있답니다. 아이 옆에서 늦은 시각까지 함께하며 힘을 실어주세요.
둘	한계를 만나 힘들어 한다면 내 아이의 마음을 열어야 합니다. 힘듦을 인정하고 이를 극복하는 방법을 알려 주세요. 아이가 마인드컨트롤을 할 수 있도록 호흡법을 가르쳐주고 함께 해주는 것도 큰 도움이 됩니다.
셋	타이밍을 놓쳐서는 안 됩니다. 자신의 한계를 만나 힘들어 하는 아이는 누군가 자신과 함께해주길 바랍니다. 이 순간이 부모의 전폭적인 지원이 필요한 때입니다. 아이 스스로 누구와 왜 함께하고 싶은지를 말한다면, 왜 그런지 이유를 물어보고 확신이 생기면 무조건 밀어주세요.
넷	타이밍을 놓쳐서는 안 됩니다. 자신의 한계를 만나 힘들어 하는 아이는 누군가 자신과 함께해주길 바랍니다. 이 순간이 부모의 전폭적인 지원이 필요한 때입니다. 아이 스스로 누구와 왜 함께하고 싶은지를 말한다면, 왜 그런지 이유를 물어보고 확신이 생기면 무조건 밀어주세요.

공부를 하고 싶은데 친구들이 수시로 찾아와요

사교성이 뛰어나
공부할 때 집중하지 못하는 아이

스탠포드 대학의 한 심리학 교수가 아이들을 대상으로 '만족지연능력'에 관한 실험을 한 적이 있다. 만족지연능력이란 미래의 더 큰 만족을 위해 현재의 욕구를 참아내는 능력을 말하는데, 실험에 참가한 아이들은 '마시멜로를 언제 먹느냐?'를 두고 나름 심각한 갈등에 빠진다.

'마시멜로 실험'으로 유명한 이 실험에서 아이들은 눈앞에 놓여있는 마시멜로를 두고 당장의 욕구를 충족시켜야 할지, 정해진 시간 동안 인내한 후 두 배의 마시멜로를 먹을 것인지 갈등한다. 실험에 참가한 아이들 중엔 별다른 고민 없이 즉시 마시멜로를 먹어버린 아이가 있는 반면, 한동안 고민하다 결국은 못 참고 먹는 아이, 그리고 끝까지 유혹을 참아내고 두 배의 마시멜로를 포상으로 받는 아이도 있었다.

연구자는 실험에 참가한 아이들이 성장하여 어른이 된 후까지 추적 관찰을 했는데, 마시멜로의 유혹을 참아낸 아이들이 훗날 학교에서 성적도 좋았고 사회에서도 성공했다는 결과를 얻어냈다.

살다보면 우리는 시시때때로 달콤한 마시멜로를 만난다. 놀고 싶은 유혹, 먹고 싶은 유혹, 사고 싶은 유혹 등 하루에도 몇 번씩 갈등의 상황에 놓이게 된다. 아이들이라고 다르지 않다. 좋아하는 가수나 배우가 나오는 쇼 프로그램이나 드라마 앞에서 공부는 뒷전이 되기 십상이다. 공부를 하겠다고 책상 앞에 앉아서도 휴대폰의 유혹을 떨치지 못해 수시로 만지작거린다. 어디 그뿐인가! 시험이 코앞으로 다가왔어도 당장 친구와 수다를 떨며 노는 것이 즐겁고, 건강하고 날씬한 몸매를 위해 다이어트를 결심하지만 입은 언제나 달콤한 간식을 좇고 있다.

공부를 잘하고, 나아가 자신의 꿈을 이루기 위해서는 마시멜로를 아껴둘 줄 알아야 한다. 실험 결과에서도 알 수 있듯이 '마시멜로를 언제 먹느냐?'는 학교 성적에도 큰 영향을 미친다. 학습을 방해하는 다양한 유혹들을 잘 이겨내는 아이들이 공부에 대한 집중도나 학습량 등이 높기 때문에 좋은 성적을 받는 것은 당연한 일이다. 게다가 이러한 자기통제능력이 뛰어난 아이들은 그렇지 않은 아이들보다 더욱 명확한 목표와 신념으로 당장의 성적에 일희일비하지 않고 꾸준히 달려갈 수 있다.

'마시멜로를 언제 먹느냐?'는 어른이 된 이후에도 자신의 마음과 행동을 절제하고 통제하는 큰 힘으로 작용한다. 시대와 국경을 초월해 만인의 존경을 받는 유명한 위인들 역시 남들보다 지능이 뛰어나거나 운이 좋았던 경우보다는, 철저한 자기관리로 재능을 빛내고 위대한 업적을 쌓은 이들이 대부분이다.

자기통제능력이 뛰어난 위인 중 한 명인 벤자민 플랭크린은 자기관리 수첩을 만들어 절제, 침묵, 결단, 근면 등의 13가지 덕목의 계율을 항상 체크했으며, 1분 1초도 허투루 쓰지 않기 위해 시간관리 계획을 짜서 실천했다고 한다. 그는 철저한 자기관리능력 덕분에 출판, 발명, 정치 등의 다양한 영역에서 그 능력을 인정받았다. 게다가 벤자민 플랭크린의 뛰어난 자기통제능력은 후세에도 긍정적인 영향을 끼쳤는데, 그가 세상을 떠난 지 200년이 훨씬 지난 지금도 사람들은 그가 사용했던 수첩을 흉내 낸 '플랭크린 플래너'를 만들어 계획과 자기통제를 위해 노력하고 있다.

아이들에게 자기주도 코칭을 하다보면 무엇보다도 필요한 덕목이 자기통제능력임을 절감하게 된다. 공부를 잘하고 싶고, 열심히 하고는 싶지만 당장의 마시멜로를 먹느라 꿈과 목표, 성적은 뒷전이 되고 만다. 그렇다고 아이들을 혼내거나 윽박지를 수도 없는 노릇이다. 친구들과 놀고 싶고 휴대폰으로 정보를 찾아 세상과 소통을 하는 것은 당연한 욕구이기 때문에, 그저 잠시 미뤄두는 법을 가르칠 뿐이다.

고등학교 1학년인 유진이 역시 그 또래 아이들이 그러하듯 친구들과 놀고 수다를 떠는 것을 즐기는 평범한 여학생이었다. 그런데 공부를 잘하고 싶은 강한 열망과는 별개로 꿈쩍도 하지 않는 성적 때문에 속상해 했다. 나는 유진이가 더 큰 만족을 얻게 하기 위해 당장의 마시멜로를 아껴두는 법을 가르칠 필요성을 느꼈다.

공부는 어렵고 힘들어요

나는 학생이나 학부모와 상담을 할 때 학습에 대한 마음가짐을 많이 강조한다. 특히 중간에 포기하면 소용이 없으니 끝까지 할 수 있겠는지를 거듭 확인한다. 유진이 어머니와의 상담은 평소보다 훨씬 더 길게 이뤄졌다. 함께 상담을 했던 유진이는 "하고 싶다, 할 수 있다."며 야무지게 대답했고, 어머니 또한 유진이를 초등학교 때 직접 가르쳤던 경험을 말씀하시며 "유진이는 집중력이 있어 한번 알려주면 잘 한다."고 강조하셨다.

나는 유진이를 믿고 다음날 바로 코칭을 시작했다. 아이는 기대만큼 시간약속도 잘 지키고 앉아 있는 시간도 길었다. 외우기 실력도 나쁘지 않았다. 기본 학습태도가 그 정도만 유지된다면 코칭도 큰 효과를 발휘할 듯했다.

그런데 며칠이 지나자 아이가 자신의 진짜 모습을 드러내기 시작했다. 집중력이 떨어져 자주 산만해졌고, 암기량도 점점 줄어들었다. 한국사 공부를 하면서 뜻을 모르는 단어가 많아 일일이 찾아야 해서 학습 속도도 느렸다. 나는 무엇이 문제인지 찾기 위해 유진이를 관찰하기 시작했다. 그리고 얼마 지나지 않아 나는 그 답을 찾아냈다.

유진이가 공부에 집중을 못하는 이유는 단어, 이해력, 집중력 부족의 문제가 아니었다. 바로 아이의 관심과 흥미가 공부가 아닌 다른 곳에 있기 때문이었다. 단체 코칭수업 중 아이는 내가 먹는 이야기를 시작하면 어린아이처럼 얼굴이 해맑아졌다.

"아! 맛있겠다. 저도 큰 사이즈로 먹을래요."

뿐만 아니었다. 다른 아이들과 여행을 다녀왔던 이야기를 할 때도 아주 적극적이었다.

"와! 나도 가고 싶다. 거기가 어디에요? 저도 데리고 가요."

자신의 흥미를 끄는 이야기가 나올 때마다 유진이는 완전히 그 이야기에 빠져들며 신나했다. 잠시 주의를 환기시키거나 사례로 활용하기 위해 꺼냈던 이야기가 주객이 전도되어 유진이 마음을 온통 흔들어대는 것이었다.

'아, 이거였구나!'

유진이 어머니는 유진이를 무뚝뚝하고 말이 없어서 남자 성격에 가깝다고 하셨지만, 정작 유진이는 지극히 여성스럽고 사교성이 아주 많은 아이였다.

'그래서 동아리도 댄스, 노래 부르기, 요리 등을 신청했었구나.'

나는 그제야 유진이를 이해할 수 있었다. 왜 공부가 안 되는지도 알 수 있었다.

'어떻게 해결하지? 어머님의 믿음과 기대가 아이의 현실과 너무도 다른데 …. 쉽지 않을텐데 어쩌지?'

유진이에 대한 어머니와 나의 평가가 너무도 크게 차이가 났다. 어머니의 기대치를 단시간에 만족시킬 수는 없겠기에 나는 천천히 그 간격을 좁혀가기로 했다. 유진이에게 공부법을 알려주기도 하고, 암기량을 조금씩 늘

려보기도 했다. 그런데 그럴수록 아이는 자꾸만 안 되는 이유와 핑계를 찾았다. 여러 방법을 알려주면 받아들이고 노력하기보다는 자꾸만 자신을 합리화하며 안 되는 이유만 늘어놓는 것이었다.

사실 이것은 유진이만의 문제가 아니라 공부를 잘 하지 못하는 아이들의 공통된 모습이었다. 그래서 포기하기보다는 방법을 달리하여 접근할 필요가 있었다. 좀 더 친절하게 설명하여 아이 스스로 자신의 학습태도를 이해할 수 있도록 도와주기로 했다.

나는 지금 공부 중! 친구야, 나중에 놀러와

얼마 지나지 않아 유진이와 단둘이 이야기를 할 기회가 생겼다. 유진이는 나에게 요즘 학생들 사이에 인기를 끌고 있는 인터넷 강의 S에 대해 아느냐고 물었다. 당연히 안다고 대답하자 유진이는 자신이 그것을 하는 건 어떻겠느냐고 물었다.

"그거 하면 서울대도 갈 수 있다고 하던데요."

"맞아. 서울대에 갈 수 있지. 근데 그거 들으면서 공부하려면 필요한 조건이 있어."

내 말에 아이는 궁금함으로 눈을 반짝였다.

"나처럼 친구가 없어야 해. 쌤은 친구가 없어서 하루에 인강(인터넷 강의)을 13개나 들은 적도 있어. 그런데 너는 어떠니?"

"선생님은 친구가 한 명도 없다는 거예요?"

유진이는 대답 대신 내가 친구가 없다는 말에 놀랐는지 다시 내게 되

물었다.

"하하! 아니지. 친구는 있지. 하지만 공부를 할 때는 친구가 없지. 그런데 넌 공부를 할 때도 친구가 많잖아."

유진이는 내 말의 의미를 모르겠다는 듯 의아한 표정을 지었다. 나는 다시 웃으며 설명을 해줬다.

"난 친구가 없고, 넌 친구가 많고 무슨 차이일까? 공부할 때의 네 모습을 생각해 봐."

"네? 공부할 때 제 모습이요?"

유진이는 한참을 생각하더니 그래도 모르겠다며 고개를 갸웃했다.

"선생님이 하루에 인강을 13개 들었다는 것은 친구가 없다는 거야. 그게 무슨 말이냐면, 아무 생각 없이 아무도 없는 사무실에서 혼자 오로지 내가 목표로 한 인강 13개를 들으려는 생각만 한다는 거지. 토할 것처럼 힘들지만 '나는 오늘 꼭 인강 13개를 들을거야' 하면서 말이야. 그런데 넌 어떠니?"

내 말에 아이는 대답을 머뭇거렸다.

"넌 친구가 많지. 모든 것이 친구로 연결되지. 밥 친구, 수다 떨 친구, 언제 놀까 궁리하는 놀 친구 등 아주 많이 놀러오지 않니?"

"오! 쌤 말씀 듣고 보니 정말 그러네요. 헤헤."

"거봐! 게다가 넌 또 그 친구들하고 한참 놀잖아."

"아주 많이 놀아요. 놀다가 아주 멀리도 가요. 킥킥."

내 말이 재미있는지 유진이는 키득키득 웃으며 대답했다.

"그러니 너는 혼자서 하는 인강으로 공부하기 어렵다는 이야기야."

나는 유진이에게 인터넷 강의를 보며 혼자 공부를 하기 위해서는 집
중력은 물론이고, 힘들고 외로운 상황을 이겨내는 힘이 있어야 함을 강
조했다.

"그리고 무엇보다도 아주 독해야 해. 선생님처럼."

유진이는 그제야 내 말이 이해가 된다며 고개를 끄덕였다. 나는 때를 놓
치지 않고 직설적으로 물었다.

"유진이는 친구들을 생각하면 어떠니?"

"친구들을 생각하는 것만으로도 너무 신나죠. 빨리 걔들이랑 놀고 싶
어져요."

"친구들이랑 놀이동산까지 놀러가겠다."

몸은 학원에 앉아 있어도 마음은 이미 친구들과 놀이동산의 놀이기구를
타고 있을 유진이의 모습이 눈에 선했다.

"오! 맞아요. 맞아! 킥킥."

"그래서 유진이 너처럼 사교성이 많은 사람은 무엇보다도 산만함을 조
절하고 집중력을 키우는 훈련이 우선 되어야 해. 지금 너는 그 1단계를 하
고 있는 거야."

"그럼 저도 할 수는 있는 거지요?"

"당근이지. 마음으로 행동을 수정하면 결과가 나오지. 그러면 성취감이
생겨. 그런 경험이 쌓이면 혼자 스스로 할 수 있는 능력, 즉 자기주도가 되
는 거야."

유진이는 내 말에 연신 고개를 끄덕였다. 그리고는 온갖 잡생각으로 가

득 찬 자신의 마음을 '친구'에 비유해 쉽게 설명해주자, 그동안 공부가 잘 안 되었던 이유가 뭔지를 정확하게 알게 됐다고 했다.

"공부를 하고 있는데 친구가 오면 어떻게 해야 할까요?"

유진이는 다시 자신의 머릿속에 잡생각이 찾아오면 어떻게 할지를 물었다.

"친구가 오면 잠깐 기다리라고 하면 돼. 일단 공부부터 하고 나중에 만나는 거지. 그런데 얼마나 기다리라고 할까? 10분? 15분?"

"15분이요!"

"무엇으로 체크하지?"

"타이머요."

"오케이, 좋아! 타이머로 15분을 맞추고 그 시간만큼은 공부에 집중하기! 할 수 있지?"

"넵!"

나는 유진이에게 15분부터 시작해보자고 했다. 그리고 서서히 30분, 1시간 이렇게 집중하는 시간을 늘려보자고 제안했다. 아이는 내 제안이 재미있는 놀이라도 되는 양 신나했다. 유진이는 다음날부터 타이머를 사와 스스로 15분의 시간을 체크해가며 집중해서 공부를 했다.

유진이처럼 사교성이 좋아 친구가 좋고 놀기를 좋아하는 아이는, 감정에 맞추는 재미를 더한 설명이 효과적이다. 실제로 유진이는 재미없고 힘든 공부를 훨씬 기분 좋게 신나게 받아들였다. 이 일을 통해 나는 공부를 학생에게 주어진 중요한 과업처럼 설명하기보다는 재미있는 놀이로 표현

해줌으로써, 심리적인 압박감을 덜어주는 일도 매우 중요하다는 것을 다시

한 번 느끼게 되었다.

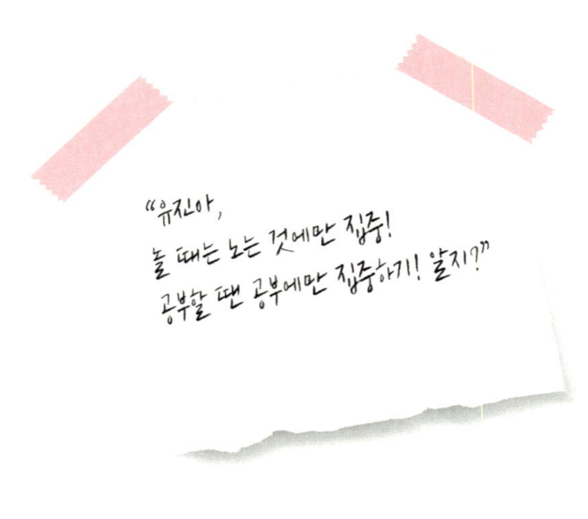

하나

아이들의 몸과 마음이 변화하듯이 아이들의 학습태도도 변한답니다. 특히 초등 시절의 아이와 고등부의 아이는 엄청난 차이를 보이죠. 아이의 성장과 발전을 바란다면 변화된 내 아이의 학습태도를 인정하는 것부터 시작해야 합니다.

둘

초등 시절은 대부분의 아이들이 공부를 잘한답니다. 그러니 초등 시절에 잘했던 아주 작은 일부분을 믿고 너무 큰 기대를 하는 것은 엄마나 아이에게 상처가 될 수 있습니다.

셋

아이의 감성에 맞는 접근법을 활용해 보세요. 너무 곧이곧대로 직설적으로 아이에게 접근하는 것은 자칫 아이의 감성에 상처를 줄 수 있답니다.

넷

재미있고 자연스럽게 대화를 해보세요. 공부에 관한 이야기도 적절한 비유를 들어 재미있게 설명한다면 아이는 별다른 거부감 없이 자연스럽게 받아들인답니다.

사물을 볼 때에는 눈을 뜨는 것만으로는 부족하다.
마음을 열어야 한다.
_ 장 프랑수아 밀레 _

기대지도 휘둘리지도 마

부모의 지나친 참견이나 무관심,
강압적 태도가 아이를 망친다

엄마가 정해준 목표가 내겐 너무 힘겨워요

고등학교 선택이 잘못되어
공격적 성향으로 바뀐 아이

"아이와 늘 함께 해주세요."

내가 어머니들께 항상 부탁드리는 말씀이다. 이는 '헬리콥터맘'이 되어 늘 아이 주변을 맴돌며 감시하고 지시하라는 말이 아니다. 아이의 마음과 생각을 관찰하고 챙기며, 아이가 손을 뻗으면 언제든지 온 마음을 다해 함께 춤춰주라는 의미이다.

그런데 이 과정이 말처럼 쉽지가 않다. 함께 하는 것도 힘들지만, 마음이 너무 넘친 나머지 '조력자'와 '주도자'의 경계를 지키지 못하는 경우가 종종 발생하기 때문이다. 조력자는 아이가 원하는 것을 이룰 수 있도록 함께 울고 함께 기뻐하고, 응원하고 격려하며 함께 버텨주는 사람이다. 그런데 주도자는 아이가 아닌 부모 자신이 원하는 곳으로 아이를 끌고 가며 지시하고 감시하는 사람이다.

부모는 아이의 꿈을 찾아주는 조력자여야지 아이의 꿈을 정해주는 주도자가 되어서는 안 된다. 자신의 능력이나 의사와 상관없는 꿈은 자칫 악몽으로 바뀔 수 있다. 처음 시작이야 웬만큼 하라는 대로 따라하겠지만, 차츰 힘에 부치고 흥미를 잃어버리게 되어, 결국엔 엄청난 스트레스로 작용하게 된다. 이런 스트레스 때문에 긍정보다 부정을, 평온함보다 분노로 성향이 바뀔 수도 있다. 원래 가지고 있던 성격이 분노와 스트레스로 정반대의 모습을 보이는 것이다.

한편 아이 스스로 자신의 꿈을 결정한 경우라고 해도, 그것을 이루는 과정 역시 아이가 주도자가 되고 부모는 조력자의 역할에 충실해야 한다. 꿈을 이루기 위한 목표를 설정하고, 그 목표를 향해 차근차근 계단을 올라가려고 하는데, 계단을 오를 때마다 누군가 일일이 간섭을 하며 이 계단이 아니고 저 계단이라고 강요하면 어찌 될까? 이 역시 아이는 발걸음을 뗄 이유를 찾지 못해 매순간 힘들어하게 된다.

아이가 무엇을 간절히 원하는지 꿈을 찾아주고 함께 목표를 설정해 가되 절대 강요해서는 안 된다. 비록 어린 아이라 해도, 그 아이는 분명 한 사람의 인격체이자 자신의 삶을 이끌어갈 주체이다. 부모나 선생은 조력자의 역할에 충실해야 한다. 다만, 조력자의 위치에서 일관되게 아이와 함께해주는 동반자이자, 아이가 무엇을 원하는지 알고 도움을 줄 수 있는 코치여야 한다. 아이는 꼭두각시가 아니기 때문에 부모나 주위 사람의 장단에 춤을 추게 하면 절대 즐겁고 행복할 수가 없다.

중학교 3학년 2학기에 만난 형욱이는 말수가 적고 시간을 잘 지키는 착하고 성실한 아이였다. 하지만 고등학교에 진학한 후 엄마가 정해준 길을 걷기가 너무나 힘에 부친 나머지 점차 공격적이고 폭력적인 성격으로 변해갔다. 진로를 바꾸기엔 너무 늦은 시기였으므로, 나는 형욱이의 친구와 어머니께 이해와 도움을 구하며 아이를 변화시키려 노력했다.

공부가 너무 어려워졌어요

형욱이는 착하고 순종적인 성격에 공부를 시작하면 몇 시간씩 책상 앞에 앉아있는 끈기도 있었다. 친구들이 화장실 등을 핑계로 엉덩이를 몇 번씩이나 들썩일 때도 형욱이는 묵묵히 참고서를 읽었다. 잘하고 싶은 마음이 넘쳤고, 그만큼 공부도 열심히 했다.

그런 아이의 노력에 대한 결과는 허무하기 그지없었다. 초반에 조금 향상되었던 성적은 이후 아무리 열심히 해도 제자리걸음이었다. 잘하고 싶은 마음도 크고 그에 걸맞게 노력도 많이 하지만, 좋은 결과로 이어지지 못하는 데는 그만한 이유가 있었다. 형욱이는 무엇보다도 공부에 대한 기본이 부족했다. 배경지식이 없어 이해력이 현저히 떨어졌고, 암기력이나 응용력 또한 좋은 편이 아니었다.

잘하고자 하는 마음과 성적이라는 현실과의 차이는 엄청났다. 인문계

를 진학하면 아이가 어떤 어려움을 겪을지 눈에 훤히 보였다. 아이를 도와
주고 싶은 마음이 컸기 때문에 나는, 아주 조심스럽게 형욱이 어머니께 내
생각을 말씀드렸다.

"어머님, 형욱이의 고등학교 진학은 어느 학교로 정하셨나요?"

"아, 인문계 보내려고요."

"저 혹시 꼭 인문계를 보내려고 하시는 이유가 있으신가요?"

"왜요?"

내 말이 심기를 불편하게 했는지 어머니의 목소리가 갑자기 까칠해지
셨다.

"형욱이를 인문계 말고 특성화 고등학교에 보내면 어떨까 해서요."

형욱이는 컴퓨터와 관련된 꿈을 갖고 있었기 때문에 정보고를 가는 것
도 나쁜 선택은 아니었다.

"아니요. 저는 특성화 고등학교는 안 보내요. 우리 아이는 그냥 인문계
로 보낼 거예요."

형욱이 어머니는 너무나도 단호하게 말씀하셨다. 그럼에도 나는 아이를
위해 일단 내 의견을 전해야 할 것 같아서 계속 말을 이어갔다.

"어머님, 죄송하지만 형욱이가 인문계 이과를 선택하면 엄청 힘이 들 것
같아요. 형욱이가 암기력, 이해력, 응용력이 많이 부족해요. 인문계에서 하
위권에 있는 것보다 특성화에서 중상위권에 있는 편이 대학 진학에도 훨씬
유리하고 형욱이의 꿈도 실현할 수 있어 좋을 것 같아요. 더군다나 형욱이
의 기도 살려줄 수 있고요."

"전 무조건 싫어요."

마지막까지 온 마음을 다해 말씀드렸지만 어머니는 아이가 부족해서 특성화고로 가라고 권한다고 생각하시고 자존심이 상한 듯 보였다. 안타까운 마음이 컸지만 어머니의 태도가 너무 완강하셔서 더 이상 말씀을 드릴 수가 없었다.

형욱이는 결국 어머니의 의지대로 인문계로 진학했으며, 5개월 간 자기주도 학습을 한 영향으로 고등학교 1학년 때는 부반장 선거에 손을 번쩍 들고 출마하여 당당히 부반장이 되었다. 형욱이 어머니께서는 역시 인문계를 보내길 잘했다고 하시면서 무척이나 만족해 하셨다. 형욱이도 열심히 학교생활을 해 별다른 문제가 없어 보였다. 나는 형욱이가 큰 어려움 없이 3년을 잘 이겨내길 빌고 또 빌었다.

2학기가 되어 이과, 문과를 선택할 시기가 왔다. 15년 간 입시 지도를 한 나로서는 2학년 이과 과정이 얼마나 험난한지 잘 알고 있었다. 형욱이처럼 학업에 대한 전반적인 능력이 부족한 아이는 이과보다는 문과를 선택하면 성적을 관리하기에 훨씬 유리했다. 나는 형욱이 어머니께 내 생각을 차분하게 말씀 드렸다. 그리고 대학 중 교차지원이 가능한 대학이 있으니 학교 선생님과 상의해본 후 문과로 선택하길 권해드렸다. 하지만 어머니는 여전히 꿈쩍을 않으셨다. 당신의 판단대로 밀고 나가는 것이 가장 옳은 선택이라는 확고한 믿음이 있으셨다.

겨울방학이 되자 나는 형욱이를 비롯해 이과를 선택한 아이들에게 정신교육을 단단히 시키면서 만반의 준비를 다 했다. 그럼에도 2학년이 시작

 울림이 있는 공부는 절대 배신하지 않는다

되자 이과 아이들은 갑자기 어려워진 교과 내용에 혼란스러워하며 여기저기서 아우성을 질러댔다.

"선생님, 물리가 너무 어려워요."

"화학은 완전 미쳤어요."

염려했던 대로 2학년 첫 중간고사에서 아이들의 성적은 처참할 정도로 엉망이었다. 특히 화학은 학년 평균이 35점이 나왔을 정도로 어려웠다. 전교 1등이었던 아이가 48점을 받았을 정도이니 다른 아이들은 오죽했을까! 물리 또한 별반 다르지 않았다. 물리는 가장 어려운 분야의 시험이었기 때문에 꼼꼼히 준비하지 않은 아이들은 성적이 아래로 곤두박질을 했다.

학업의 난이도가 높아질수록 형욱이는 점점 더 작아지고 있었다. 잘하고 싶다는 마음과는 달리 수학은 물론 물리나 화학 등 이과의 수업을 따라가기엔 학습능력이 역부족이었던 것이다. 게다가 공부에 어려움이 커지자 아이는 겉돌기 시작했다. 공부에 대한 부담을 잊으려는 듯 한동안 게임에 빠져들기도 했다.

왜 이렇게 화가 날까요?

마음이 위축되자 학원에서도 친구들과 어울리기보다는 혼자 있는 시간이 많아졌고, 급기야는 자신이 친구들에게 왕따를 당하는 느낌까지 갖게 되었다. 이러한 사실을 어머니에게 전해들은 나는 너무나 당황스러웠다. 누구도 형욱이에게 그런 마음을 가지지 않는데도 아이 스스로 자괴감에 빠지면 그날 이후 나는 형욱이를 좀 더 세심하게 관찰했다. 형욱이는 친구들과 밥도 같이 먹고 쉬는 시간엔 함께 놀기도 했다. 단지 아이들이 학교 수업내용이나 문제 풀이에 대해 서로 이야기를 할 때, 형욱이는 그 내용을 잘 이해하지 못해서 대화에 끼어들지 못하는 상황이었다.

'아, 그렇구나. 자신도 함께 이야기를 하고 싶은 거구나. 공부 이야기에 끼지 못하니 스스로 왕따라고 생각했구나.'

나는 형욱이의 마음을 이해할 수 있을 것 같았다. 나는 아이를 조금 더 세심하게 관찰했지만, 어떻게 풀어야 할지 선뜻 답이 나오질 않아 막막하기까지 했다.

그러던 어느 날, 드디어 사건이 터졌다. 저녁 식사를 하고 다시 학원으로 돌아오니 아이들의 분위기가 이상했다. 순간 내 책상이 부서져 있는 게 눈에 들어왔다. 특별 제작한 책상이라 누군가 일부러 부수지 않고서는 꿈쩍도 하지 않을 책상이었다. 나는 어이가 없었다. 어떤 이유에서건 물리적인 폭력을 행사하는 것은 용납할 수 없는 일이었다.

"헐! 이거 뭐야? 누가 내 책상을 부셨니? 누구야?"

그냥 넘어가서는 안 되는 일이기에 나는 큰 소리로 물었다. 하지만 아이들은 서로 눈치만 볼 뿐 아무도 말이 없었다. 나는 좀 더 엄한 목소리로 물었다. 그제야 형욱이가 앞으로 나오며 자신이 그랬다고 고백을 했다.

"저, 제가 그랬어요. 밥을 먹고 다 같이 농구했는데, 제가 분명 골을 넣었는데 애들이 노골이라고 했어요. 그래서 화가 나서 …."

형욱이는 씩씩거리며 자기변명만 할 뿐 반성의 기색은 전혀 보이질 않았다.

"아니, 그렇다고 책상을 부셔! 너 가방 들고 나가!"

말은 그렇게 했지만 흥분된 마음이 가라앉지 않은 형욱이를 학원 밖으로 내보내는 것은 더 위험한 일이었다. 그래서 나는 형욱이 어머니께 전화를 해 자초지종을 말씀드리고, 아이를 데리러 오라고 부탁했다. 하지만 어머니는 그냥 형욱이를 혼자 집으로 보내달라고 했다.

"어머님, 제가 지금 CCTV 확인 중인데 형욱이가 너무 공격적인 태도예요. 지금도 아이가 무척 흥분한 상태인데, 그래도 혼자 집으로 보내라고요? 집에 안 가고 PC방이나 밖으로 배회하면 어떡해요? 그러다가 또 다시 문제를 일으키면요?"

"그래도 어쩔 수 없죠. 집으로 보내주세요."

"어머님, 저는 형욱이 혼자 집으로 못 보내요. 지금 아이 상태가 정상이 아닌 듯해요. 어머님께서 오시면 그때 보내드릴게요. 저는 못 보내드립니다."

어머니 역시 형욱이에게 화가 난 것은 이해가 됐지만, 그럼에도 아이의 마음을 먼저 살피는 것이 우선이었기에 나는 더욱 단호하게 말했다.

CCTV 안의 형욱이는 너무나 공격적이고 폭력적인 모습이었다. 게다가 이후 아이는 죄송하다는 말 한 마디 없이 아무렇지도 않게 자기 자리에 앉아있었다. 제 안의 분노가 사라지지 않은 상태였기에 아이가 또 어떤 일을 저지를지 알 수가 없어 그대로 보낼 수가 없었다.

"알겠어요. 제가 갈게요."

결국 형욱이 어머니는 아이를 데리러 학원에 오시기로 했다. 나는 그 사이 사태를 더욱 정확하게 파악하기 위해 현장에 있었던 아이들을 한 명씩 불러 개별 상담을 했다.

아이들이 들려준 사연은 이랬다. 각자가 자유투를 해서 성공한 사람만 학원으로 들어가기로 했는데, 형욱이는 실패했는데도 학원으로 왔다고 했다. 그래서 왜 실패했는데 학원에 왔느냐고 하자 자기도 성공했다며 욕을 하고 화를 내며 손가락질까지 하다가 갑자기 책상을 주먹으로 꽝 내리쳤다고 했다. 게다가 아이들은 2학년이 되고부터 형욱이가 학교에서도 화를 내는 일이 잦아졌고, 말투나 행동도 공격적이라고 했다.

잘하고 싶지만 마음만큼 따라주지 않는 현실, 이런 상황을 아는지 모르는지 아주 완강하게 자신을 핸들링하려는 어머니. 아이의 답답한 마음이 이해가 되고도 남을 상황이었다. 자신을 둘러싼 모든 상황이 부조화를 이루자, 아이는 마음의 혼란을 이기지 못해 폭력성과 공격성을 띠게 된 것이었다.

"형욱이는 2학년이 되고 나서 학업적으로 많이 힘들 거야. 너희들도 알다시피 2학년 이과 공부가 얼마나 힘드니? 완전 멘붕이잖아. 형욱이는 어떻겠니? 너희들과 함께 하고 싶은 마음은 굴뚝같은데 잘 안 되니 많이 힘들 거야. 별일이 아니고 별뜻이 아닌데도 형욱이는 마음이 불안하니 예민해져서 화를 내는 것 같다. 조금 더 마음의 여유가 있는 우리가 도와주자. 우리가 형욱이를 좀 더 이해하고 배려해 주자. 그래 줄 수 있지?"

나는 아이들에게 일일이 형욱이의 상황과 마음을 설명해 주며 이해와 도움을 구했다. 아이들은 하나같이 그러겠노라고 대답을 했다. 나는 그런 아이들이 너무나 대견하고 멋져보여서 엄지를 척하며 들어 보였다.

나도 영어단어 복사해 주세요

내가 아이들과 개별면담을 하는 동안 형욱이는 복도에서 안절부절못하며 돌아다니고 있었다. 내게 혼이 날 것이 겁이 나기도 하고, 아이들이 노골적으로 자신을 싫어하면 어쩔까 걱정이 되기도 했던 것이다. 하지만 우리는 아무 일도 없다는 듯이 예전처럼 형욱이를 대했다.

"내일 수행평가 있다며? 얼른 준비하자."

"네. 영어랑 화학 수행평가가 있어요."

"그래, 알았어. 얼른 시작!"

"선생님 저도 영어단어 복사해 주세요. 저도 할래요."

형욱이가 슬며시 다가오며 말했다.

"그래."

몇 달 동안 게임만 하고 공부에는 관심도 없던 형욱이가 수행평가 준비를 하겠다고 해서 놀랐지만, 나는 아무렇지도 않은 듯 복사물을 건네줬다. 자신의 잘못에 대해 더 이상 채근하지 않는 나와 친구들의 모습에서 뭔가 내면의 변화가 일어난 듯했다. 아이는 복사물을 받아들고 자기 자리로 가서 영어단어를 외우기 시작했다.

그 사이 형욱이 어머니가 학원에 오셨다. 나는 아이들이 형욱이 어머니가 오신 것을 눈치 채지 못하게 두 시간 동안 꼼짝하지 말고 자습을 하도록 지시했다. 그리고는 어머니에게 CCTV를 확인시켜 주었다. 형욱이 어머니는 아들의 공격적인 모습에 많이 놀라신 듯 한참을 말이 없으셨다. 나는 다시 아이가 공부에 열중하고 있는 현재의 모습을 CCTV를 통해 확인시켜 주었다.

"어머님, 형욱이의 행동을 잘 살펴보세요. 좀 전에 아무 일도 없었던 것처럼 열심히 공부하지요? 보세요, 아이가 웃고 있잖아요. 형욱이는 지금 공부를 너무나 잘하고 싶은데, 마음대로 잘 안 되어서 그런 거예요."

사실 나는 애초에 어머니께서 형욱이를 진정으로 위하는 길이 무엇인지를 조금 더 신중하게 생각하고 결정하셨더라면 어땠을까 하는 안타까운 마음이 컸다. 하지만 그것은 이미 지난 일이었기에 이제는 모두 힘을 합쳐 형욱이를 돕는 것에 집중해야 했다.

"어머님, 저는 형욱이한테 감사해요. 마음이 힘든데도 밖으로 나가 PC 방, 술, 담배 안 하고 그래도 여기로 오는 것이 기특하고 감사해요."

내 말에 어머니도 고개를 끄덕였다.

"오늘같이 공격적이고 폭력적인 형욱이의 행동이 올바른 행동은 아니지만, 그래도 하려고 하는 마음으로 이곳에 오는 모습을 먼저 헤아려줘야 할 것 같아요. 정말 싫으면 아예 안 오거든요."

나는 학원 친구들도 형욱이를 배려하고 돕기로 했다며, 어머니도 형욱이의 마음을 헤아려 따뜻이 품어주기를 부탁드렸다.

목표를 정하고 "달려!"라고 구령을 외쳐주는 것도 필요하겠지만, 무엇보다도 내 아이의 상태를 먼저 살피는 것이 중요하다. 달릴 준비는 되어 있는지, 체력은 충분한지, 또한 정말 그곳에 가고 싶어 하는지도 꼼꼼히 살펴 응원하고 격려해줘야 한다.

"저도 형욱이에게 더 많이 신경을 쓸 테니 어머니도 많이 챙겨주시고, 힘내라고 격려도 해주세요."

"네 고맙습니다."

그날 형욱이는 자정이 될 때까지 열심히 영어 수행평가 준비를 했다.

아이들의 행동에는 반드시 원인과 배경이 있다. 형욱이는 애초에 자신의 의사나 역량을 고려하지 않고 진로를 설정한 것이 문제였다. 컴퓨터 관련 전문가라는 명확한 꿈을 가지고 있었지만, 그 꿈을 향해 나아가는 길이 자신이 아닌 어머니의 의사로 결정되어버린 것이다. 게다가 그것은 자신의 힘에 부치는 높은 목표였기에 아이는 잘하고 싶은 마음이 컸지만 마음대로 되지 않자 공격적인 모습을 표출한 것이었다. 이럴 경우 진로를 재설정하는 것이 가장 바람직하겠지만, 그러기가 힘들다면 단계별 목표를 다시 설정해줌으로써 목표를 향해 조금씩 달려갈 수 있도록 해주어야 한다. 그리고 부모님이나 친구들은 아이의 노력과 그에 따른 작은 성장까지도 칭찬해주고 좀 더 여유로운 마음으로 보듬어주어야 한다.

잘하고 싶고 제 나름대로 노력은 하지만 결과가 잘 나오지 않는 아이에게 '왜 너는 그것도 못하느냐?'며 다그치는 것은 아이의 남은 의욕마저 꺾어버리는 일이다. 노력하지 않는 아이는 노력할 수 있도록 끌어당겨주어야 하지만, 노력을 하는데도 결과가 나오지 않아 힘들어 하는 아이는 목표를

잘게 나눠주며 천천히 단계별로 이끌어주어야 한다. 그래야 지치지 않고,
포기하지 않고 끝까지 갈 수가 있다.

"형욱아, 네 의지와 다르게 네 삶의
방향이 결정된다면 언제든 '이건 아니에요!'
라고 말할 수 있어야 한단다.
목표가 네게 너무 힘겨울 때도 다시 설정할 수
있는 용기가 필요해.
네 인생은 너의 것이니까!"

하나

목표설정은 늘 아이와 함께 해주세요. 아이의 능력이나 마음을 고려하지 않은 지나치게 높은 목표설정은 출발도 하기 전에 아이의 의욕을 꺾을 수 있답니다.

둘

아이의 행동에 늘 관심을 가져주세요. 아이는 자신의 힘든 마음을 때론 말이 아닌 행동으로 표현할 때도 있답니다.

셋

잘못된 행동을 할 때 아이를 나무라기보다는 '왜 그랬을까?'를 먼저 생각해주세요. 분명 그 원인이 있을 겁니다. 원인부터 접근해야 근원적인 해결이 가능하답니다.

넷

때로는 직접적인 해결책보다 간접적인 해결책이 더 효과적일 수도 있습니다. 아이의 잘못된 행동에 일일이 화내고 나무라는 것보다 이해하고 보듬어주는 것이 때로는 더 효과적일 수 있어요. 아이가 자신을 사랑하고 위하는 마음을 느끼는 것이 더 큰 변화를 일으킬 수 있으니까요.

칭찬은 커녕
왜 자꾸
다그치기만 하세요?

하위권에서 중위권으로
향상된 만족감에 노력이 멈춘 아이

열심히 달리고 있는 아이를 옆에서 응원하고 독려하다보면 아이의 발만 쳐다보는 실수를 할 때가 있다. 아이의 발을 보며 열심히 잘 뛰고 있는지, 속도가 떨어지지는 않는지, 그래서 언제 "뛰어! 더 열심히!"를 외쳐주어야 할지만 생각하게 되는 것이다. 아이를 더 잘 뛰게 하는 것이 아이를 위한 일이라는 착각에 빠져드는 순간, 우리는 아이의 마음을 보지 않는 큰 실수를 하게 된다.

청소년 문제가 사회적인 이슈로 부각되면서 한 공영방송에서는 1999년부터 학교를 배경으로 한 청소년 드라마를 시리즈로 제작하여 방영하고 있다. 내가 가르치는 아이들과 유사한 캐릭터들이 많이 등장하기 때문에 나는 가능한 한 이 드라마를 챙겨보고 있다. 2015년에 방영된 「후아유-학교 2015」에서도 유독 내 시선을 끄는 캐릭터가 있었는데, 전교 1등을 놓치지 않는 상위 0.1%의 우등생 박민준과 그런 아들을 쉼 없이 달리도록 강하게 채찍질하는 민준의 엄마 신정민이라는 인물이다.

신정민은 아들 민준의 교육을 위해 모든 것을 건 엄마이다. 일명 '돼지 엄마'로 불리며 최고급 강사들과 상위권 아이들을 이어주는 고액 과외 알선을 하고 있다. 민준이 엄마에게 아들 민준이 전교 1등이라는 사실은 최고의 자부심이자 든든한 직업적 배경이 된다. 그런데 한 전학생의 등장으로 전교 1등의 자리가 위협을 받자 민준이 엄마는 아들 민준을 더욱 닦달하고, 결국 민준은 엄마의 기대에 부응하기 위해 수행평가에서 경쟁이 되는 조들의 노트북을 망가뜨리는 비열한 행동까지 저지르게 된다.

양심의 가책을 느낀 민준이 친구들 앞에서 자신의 잘못을 고백하자, 엄마는 그 용기를 칭찬하기는커녕 "이런 일이 있다고 게으름을 피우는 것을 엄마는 용납 못한다. 정신 똑바로 차려!"라고 압박했다. 자신의 마음을 헤아려주기보다는 더 열심히 달리라고 다그치기만 하는 엄마의 태도에 민준은 극단적인 생각을 하고 아파트 옥상으로 향한다.

엄마는 아들의 심정을 뒤늦게 알아차리지만 후회와 반성이 아닌 "네가 어떻게 나한테 이럴 수 있니? 난 내 인생도 없이 너만 보고 사는데!"라며 오히려 아들을 탓한다.

"날 잃는 것보다 엄마 욕심을 버리는 게 낫지 않아요?"

엄마를 향한 민준의 일침이 내 가슴에도 함께 꽂혔다. 늘 아이들에게 힘껏 달려야 한다고 말하지만, 그 바탕에는 아이들의 마음을 먼저 본다는 나름의 철학을 가지고 살았다. 하지만 종종 아이들의 마음이 아닌 그들의 속도를 먼저 보는 실수도 저지르기에, 나는 스스로를 반성하며 마음을 다잡았다.

'네가 원하지 않는다면 나는 아무 것도 하지 않을게. 대신 네가 원한다면 언제든 나는 너와 함께 달려줄거야.'

커다란 수박 한 통, 그리고 흰 봉투에 담긴 소박한 퇴직금. 중학교 3학년인 아들을 내게 보내기로 결심하며 수혁이 어머니께서 들고 오신 것이었다. 어머니의 온 마음이 담긴 그것들을 받아들며 나는 정말 수혁이가 어머니 마음의 반의 반 만큼이라도 성장했으면 하는 간절한 마음을 품었었다. 그리곤 나도 모르게 아이에게 "달려!"만을 외치는 실수를 저지르게 됐었다.

나 지금 한강에 가요!

"아니, 수혁이 어머니께서 어쩐 일이세요? 어서 들어오세요."

초인종 소리에 문을 여니 수혁이 어머니께서 우리 집 문밖에 서 계셨다. 학부형이 집까지 직접 찾아온 것은 처음인데다 혹시라도 무슨 다급한 일이 생긴 게 아닌가 해서 나는 서둘러 집안으로 모셨다.

"우리 수혁이를 선생님께 자기주도 코칭을 받게 하고 싶어요."

내어드린 차를 한 모금 드신 후 수혁이 어머니께서는 어렵사리 말문을 여셨다.

“네.”

대답은 그렇게 했지만 사실 조금은 의아했다. 그냥 학원에 오셔서 등록하시면 되는데, 수박까지 사 가지고 우리 집으로 오셨다는 것은 선뜻 이해가 가지 않았다.

“사실은 우리 수혁이를 자기주도 코칭을 받게 해주고 싶은데, 돈이 이것밖에 없어서요.”

말씀과 함께 어머니는 조심스럽게 흰 봉투를 내게 내미셨다. 얼마 전까지 다니던 직장에서 받은 퇴직금이라시며, 부족하지만 그 돈으로 연말까지 수혁이에게 자기주도 코칭을 해주기를 부탁하셨다.

“어머님……”

나는 목이 메어 더 이상 말을 할 수 없었다. 액수로만 따지자면 터무니없이 부족한 돈이었지만, 마음만은 그 어떤 어머님보다도 넘친다는 것을 느낄 수 있었다. 더군다나 나 역시 학창시절 가난 때문에 학교에서 창피를 당했던 일이 잦았었고, 심지어 대학 진학을 포기해야 했었던 쓰라린 기억도 있었기에 그 마음을 누구보다도 잘 알고 있었다. 나는 주저 없이 그러겠노라고 대답했다.

사실 수혁이는 순탄한 아이가 아니었다. 집중력도 부족한데다 성적 향상을 위한 별다른 노력도 하지 않았다. 순종적이지도 않아서 내 코칭을 순순히 따라줄 것 같지도 않았다.

어디서부터 해야 하지? 몇 시간씩 앉아서 공부를 하려면 끈기도 있어

야 하고, 친구들을 만나고 싶은 마음, 게임을 하고 싶은 마음도 자제해야 하는데, 어쩌지?'

막막했다. 온갖 걱정과 함께 수혁이의 자기주도 코칭이 시작되었다.

막상 코칭을 하여 보니 수혁이가 그나마 암기력은 좋은 편이어서 희망을 가질 수 있었다. 공부할 분량을 정해 주면 외우는 것은 곧잘 했다. 그 결과 중학교 과정에서의 남은 한 학기의 성적이 다소 향상되기는 했지만, 중학교 기간 내내 성적이 엉망이었던 탓에 인문계 고등학교로의 진학은 힘든 상황이었다.

목적지를 향해 가는 길은 한 가지만 있는 것은 아니다. 넓고 편평한 길로 한숨에 달려가기도 하지만, 여의치 않을 때는 좁고 거친 길로 조금 우회하여 가도 된다. 우리는 대학진학이란 목적지로 가기 위해 조금은 돌아가는 길을 선택했다. 특성화고로 진학하여 내신에 더욱 신경을 쓰기로 한 것이었다. 고심 끝에 수혁이는 자신의 장래희망과도 연결된 국제통상계열의 학교로 진학을 했다.

고등학교에 진학한 이후에도 수혁이는 나의 코칭을 별 무리 없이 잘 따라주었다. 그 결과 시험성적도 하위권에서 중위권까지 향상되었다. 문제는 그때부터였다.

하위권에서 중위권으로 상승한 수혁이는 스스로의 만족도와 성취감이 하늘을 찔렀다. 공부 시간, 공부량은 물론 성적도 이 정도면 충분하다고 생각하며 만족해하는 수혁이와는 달리, 수혁이 어머니와 나의 기대감은 날이 갈수록 커져만 갔다.

"조금만 더 하면 수혁이가 전교 1등도 하겠어요. 왜 그동안 공부를 안 했는지 아쉬워요."

"그러니까요. 저는 우리 수혁이가 이렇게 잘할 수 있는 아이인 줄 몰랐어요. 오히려 공부와 담을 쌓고 살아서 공부엔 영 소질이 없는 게 아닌지 걱정을 했었죠. 사실 누나들은 잘했거든요. 전교 1등, 1등급이었어요."

누나들이 모두 공부를 잘했다는 것은 수혁이 역시 그럴 가능성이 충분하다는 의미였기에, 어머니와 나는 수혁이에게 "더 열심히!"를 외치기로 했다.

"넌 이걸로 충분하다고 생각하지? 하지만 그 성적으론 서울에 있는 대학은 어림도 없어!"

수혁이는 살살 구슬린다고 따라오는 아이가 아니었기에 당연히 강압적인 말투의 지시가 거침없이 이어졌다. 아이의 가능성을 보았기에 채찍질을 멈출 수가 없었다. 아이의 의사와는 상관없이 상위권으로 성적을 올리는 것에만 집중을 했다.

"너무 힘들어요. 쌤이 공부를 너무 많이 시켜요!"

안팎에서 강압적인 채찍질이 이어지자 아이는 불만을 터뜨렸지만, 아무도 그 말을 귀담아 들어주려고 하지 않았다. 그저 공부가 하기 싫어 늘어놓는 변명과 투정인 줄로만 알았다.

"조금만 더 하면 좋은 대학에 갈 수 있는데, 넌 왜 안 해? 왜 매일 친구들과 놀 생각만 하니? 지금 놀고 싶은 마음을 조금만 참으면 나중에 네 인생이 얼마나 편해지는 줄 알아?"

내 입에서 거침없이 쏟아져 나왔던 말들이 얼마나 바보 같은 것들이었는지, 나는 나중에야 알게 되었다. 조금만 더 달리면 성적이 향상될 것이 눈에 보이는데, 작은 성취에 만족하며 현실에 안주하려는 수혁이가 너무 안타까웠다. 하지만 그 안타까운 마음을 전하는 내 방법이 어리석었고 나빴었다.

아이의 노력과 성취에 칭찬은 커녕 계속 달리기만을 강요했다. 그 과정에서 아이가 얼마나 힘든지, 그 마음을 들어보려고도 하지 않고 어루만져주지도 않았다. 그러자 수혁이는 점점 짜증을 내는 등 삐뚤어져 가기 시작했다. 가끔은 학원에 오지 않고 다른 곳으로 도망을 가기도 했는데, 그럴 때마다 어머니께서 수혁이를 찾아 다시 학원으로 데려오셨다. 그리고는 군소리 말고 공부에만 집중하라며 엄포를 놓으셨다.

그러던 어느 날이었다. 수혁이가 어머니에게 전화를 해서는 "나 지금 한강에 가요. 찾지 마세요."라고 했다는 것이다.

"마음대로 해. 안 찾을테니."

완강한 어머니의 대답에 기가 죽은 수혁이는 다시 집으로 돌아왔지만, 혹시라도 아이가 나쁜 마음을 먹었으면 어찌 됐을까를 생각하니 아찔했다. 그 일을 계기로 나는 수혁이의 발이 아닌 마음을 들여다보게 되었다.

너무 힘들어서 엄마에게 하소연을 하는데 왜 매번 선생님 편만 드는 걸까, 바닥에서 중위권까지 올라오기 위해 내가 얼마나 열심히 했는데 왜 아무도 칭찬을 해주지 않을까, 열심히 올라왔더니 아직 멀었다고 계속 몰아

 울림이 있는 공부는 절대 배신하지 않는다

치기만 할까! 아이의 답답한 심정이 고스란히 전해져 왔다.

다 선생님 덕분이에요

수혁이의 입장에서 생각해 보니, 그제서야 성과에 급급해 아이를 몰아 붙이기만 했던 못난 내가 보였다. 한 마음이 되어 함께 뛰어주겠노라 했던 초심은 사라지고, 어느덧 나는 방관자가 되어 "뛰어! 더 빨리!"만 외치고 있었던 것이었다. 나 자신부터 반성을 하고 나니 갑자기 수혁이에게 해줄 것이 너무 많아졌다. 열심히 잘했노라고 칭찬도 해주어야 했고, 여기까지 올라오느라고 애썼다고 토닥여 주기도 해야 했다. 어디 그뿐인가! 이제는 중간까지 왔으니, 너의 진짜 꿈을 한번 찾아볼래? 무엇을 하고 싶니? 앞으로 정상까지 더 가야 하는데 힘들지 않겠니? 내가 무엇을 도와줄까?'

물어볼 것도 많았다. 마음을 바꾸니 아이를 바라보는 눈이 바뀌고, 마냥 기특한 마음만 들었다.

기말고사 마지막 날을 하루 앞두고 수혁이는 회계 과목의 내용을 하나도 모르겠다며, 혼자 집에서 공부하면서 중간중간 모르는 것은 친구한테 물어봐야 하기 때문에 학원에 못 온다고 했다. 예전 같으면 "웃기는 소리 하네! 너 친구랑 밤새 놀려고 그러지? 안 돼!"라고 말을 했을 텐데 이번에는 달랐다.

"그래, 공부하다가 혹시 선생님 도움이 필요하면 언제든 집으로 와. 안 자고 기다릴게."

열심히 하려는 마음을 알기에 나 역시 진심을 담아 말했다. 그런데 밤 11시쯤 정말 초인종이 울렸다. 수혁이가 스스로 나를 찾아온 것이었다. 고맙고 반가운 마음에 나는 얼른 아이를 집으로 들였다.

"회계는 포기하려고 했는데 친구한테 설명을 들으니 조금은 알 것 같아요. 선생님 옆에서 공부하면 내일 시험을 잘 볼 수 있을 것 같아서 왔어요."

나는 수혁이가 공부를 할 수 있도록 거실에 자리를 마련해주고 옆에서 아이가 외운 것을 같이 점검해 주었다.

"선생님, 힘드시면 소파에 기대고 계세요. 다 외우고 나면 제가 부를게요."

"그래도 돼?"

시험 마지막 날이라 내가 힘들어 보였던지 아이는 미안한 표정을 지었다. 소파에 기댄 나는 피곤이 몰려와 잠시 눈을 감는다는 것이 그만 잠이 들고 말았다. 놀라서 눈을 뜨니 시계는 새벽 3시를 가리키고 있었다.

"어머, 미안. 잠이 들어버렸네. 깨우지."

허둥대는 나와는 달리 수혁이는 의젓하게 그 시각까지 공부를 하고 있었다.

"너무 곤하게 주무셔서 깨울 수가 없었어요."

"어떡하니? 그동안 넌 뭐했어?"

보통은 외운 것을 묻고 답하는 과정을 통해 머릿속에 더 확실하게 기억시키는데, 정작 질문을 해줄 사람이 잠들어버렸으니 낭패도 이런 낭패가 없었다.

"그냥 선생님 깨시길 기다리면서 교과서를 읽고 또 읽었어요."

"정말 미안해. 얼은 집에 가서 조금이라도 눈 붙이고 학교에 가야겠다."

공부하는 아이를 앞에 두고 잠이 들다니! 이런 일은 처음이었다. 아이를 집으로 돌려보내 놓고도 나는 내내 마음이 쓰였다. 내게 도움을 얻기 위해 찾아온 애 앞에서 도움을 주기는 커녕 쿨쿨 잠만 잔 것이었다.

다음 날 시험을 치르고 수혁이가 시무룩한 표정으로 학원을 들어섰다. 순간 나는 모든 것이 내 탓 같았다. 나를 믿고 용기를 내서 찾아왔었는데, 아무런 도움도 주지 못한 미안함에 아무 말도 할 수 없었다.

"선생님, 저 회계 90점이요. 반에서 2등 했어요."

"그랬구나. 어떡하냐? 2등 했으면 …. 뭐? 혹시 앞에서 2등?"

"네. 하하하. 다 선생님 덕분이에요."

수혁이는 내가 잠드는 바람에 교과서 정독을 무한 반복할 수 있었다며, 그것이 시험에 큰 도움이 되었다고 했다.

"이얏! 역시 난 잠드는 것조차 도움이 되네. 다 내 덕인 거지? 맞지?"

"당연하지요! 하하하!"

마음이 아이를 움직인다. 진짜 마음은 그 어떤 액션보다 강하다. 진짜 마음의 힘! 강요나 다그침이 아닌 함께해주고 싶은 마음을 보여주는 것이 아이를 움직이는 힘이라 걸 나는 수혁이의 환한 웃음을 통해 느낄 수 있었다.

이후 수혁이는 고등학교 3년을 무사히 마치고 4년제 대학에 입학 후, 현재 군대 행정실에서 윗분들의 사랑을 듬뿍 받으며 군복무를 열심히 하고 있다. 어디서든 제 역할을 잘해낼 녀석이라 늘 믿음직스럽고 든든하다.

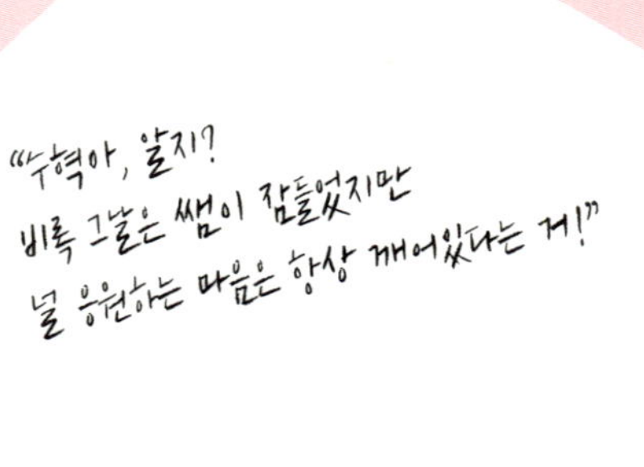

 울림이 있는 공부는 절대 배신하지 않는다

하나	아이가 이루어낸 성과에 칭찬과 격려를 아끼지 마세요. 엄마 마음에는 아직 미흡해보일지 몰라도 아이는 자신의 노력을 자랑스러워한답니다. 칭찬하고 인정해줌으로써 더 큰 노력을 유도해낼 수 있답니다.
둘	아이에게 무리한 욕심으로 또 다른 성과를 재촉하지 마세요. 가속페달과 브레이크를 적절히 밟아주어야 안전운행이 가능하듯이, 가끔은 휴식과 재충전의 시간을 가져야 더 열심히 달릴 수 있답니다. 믿어 주고 기다려 주세요.
셋	더 나아가길 원할수록 아이의 마음부터 살펴주세요. 아이가 원하는 것이 무엇인지를 살펴 그것을 충족시켜주면, 아이는 엄마가 재촉하지 않아도 스스로 나아간답니다.
넷	세련된 기교나 스킬이 아이의 마음을 움직이는 것은 아니랍니다. 그저 묵묵히 옆에 있어주는 것만으로도 아이는 평온함을 느끼며 다시 움직이기 시작한답니다.

왜 이렇게
짜증이 날까요?

공부할 때 짜증을 내는 아이

"내 행동이 아닌 마음을 먼저 봐주면 좋겠어요."

무언가가 자신의 몸과 마음을 가로막아 뜻대로 되지 않는 상태가 지속될 때, 대부분의 사람들은 예민해지면서 스멀스멀 '짜증'이라는 감정이 올라오게 된다. 이러한 짜증은 시간이 지나면서 수그러들기도 하지만 더러는 혼자 소리를 지르거나 괜한 사람에게 시비를 걸기도 하고, 심지어 욕이나 폭력 등 과격한 방식으로 외부로 발산하기도 한다.

감정에 솔직한 어린 아이들일수록 짜증의 발산 또한 노골적이다. 예컨대 어린 아이들이 블록 쌓기를 할 때 자신의 마음대로 블록이 잘 쌓아지지 않으면 기껏 쌓았던 블록을 와르르 무너뜨리거나 집어던지기도 하는 등 저만의 방식으로 짜증을 발산하곤 한다. 심지어는 그대로 바닥에 드러누워 버둥거리며 우는 아이도 있다. 지나가는 누군가가 그 모습을 본다면 쯧쯧 혀를 차고도 남을 일이다.

표출방법에 다소 차이가 있기는 하지만, 청소년기 아이들의 짜증도 어린 아이 못지않다. 공부가 잘 되지 않아서, 성적이 떨어져서, 친구와 싸워서, 심지어 자신의 외모가 마음에 들지 않을 때도 짜증을 내곤 한다. 물론 어른이라고 해도 별반 다르지는 않다. 일이 뜻대로 풀리지 않아 현실이나 상황에 불만이 누적되면 짜증이 나는 것이 당연하다. 다만 아이들과 비교해 정신적으로 조금 더 성숙하기 때문에 비교적 순화된 방식으로 짜증을 표출할 뿐이지 그 속마음은 똑같다.

짜증을 기쁨이나 슬픔, 분노와 같은 인간의 자연스런 감정 표현의 하나로 받아들인다면, 내 아이가 짜증을 낼 때 혼을 내거나 윽박지르기보다는 그 마음을 이해하려는 마음이 우선되어야 한다. 즉, 짜증이 나는 이유를 찾아 그것을 해결해 주려는 노력이 먼저이고, 행동을 교정하는 것은 그 다음 과제이다.

아이들이 짜증이나 분노, 폭력, 무관심, 냉소 등 바람직하지 못한 태도를 보일 때에는, 그 마음의 바탕에 우울감이 깔려 있음을 알아야 한다. 상대가 내 마음을 알아주지 않아 목표로 한 일이 내 뜻대로 되지 않아서, 심지어 내 마음조차 내가 어쩌지 못해서 마음이 우울한 것이다. 이 우울감이 깊어지면 슬픔이나 짜증, 분노 등의 좀 더 강력한 감정의 형태로 발전하게 된다.

"그걸 다스려야지! 하고 싶은 대로 하면 그게 동물이지, 인간이냐!"라며 엄포도 놓아보지만, 아이들은 그 우울감을 정제해내기엔 아직은 여리고 약한 존재이다. 따라서 우리는 아이가 '왜 우울한가?'에 대한 관찰로부터 해법에 접근해 나가야 한다.

'무엇이 너를 우울하게 하기에 너는 그토록 짜증이 나고 화가 나니? 그 우울을 내가 함께 안고 가며 너의 마음을 가볍게 해주면 안 될까?'

이러한 진심어린 관심과 애정만이 내 아이를 우울에서 건져낼 수 있다.

정보산업고등학교 1학년생인 희주는 컴퓨터 자격증을 취득하기 위해 우리 학원을 찾은 아이였다. 컴퓨터 자격증 취득이 취업과 학교공부에 도움이 될 것이라는 생각에, 희주는 워드프로세스 1급 자격증을 목표로 하고 있었다. 하지만 자신의 바람대로 결과가 나오지 않자 수업 시간에 짜증을 부리는 일이 잦아졌고, 급기야 폭력적인 말과 행동까지 서슴지 않았다. 그나마 다행인 것은 그렇게 짜증을 부리면서도 결코 자격증 취득을 포기하지 않는다는 점이었다.

나는 지속적인 관찰을 통해 희주의 내면에 짙게 깔린 불만과 상처를 읽어냈고, 그것을 채워줌으로써 아이의 행동변화를 유도할 수 있게 되었다. 그 결과 7전8기의 도전 끝에 희주는 원하던 자격증을 취득했고, 고등학교 졸업식에서 성적우수상까지 받는 놀라운 성과를 이뤄냈다.

잘하고 싶은데 잘 안 돼요

희주와 나의 시작은 그리 좋지 않았다. 아니, 나빴다. 하지만 결국 희주는 지금 내 마음 속에 가장 사랑하는 아이 중 하나로, 내 가슴으로 낳은 첫 번째 딸로 남아 있다.

워드프로세스 1급 자격증이라는 분명한 목표를 품고 학원을 찾았지만, 희주의 실력은 예상 외로 저조했다. 문제를 풀고 암기해야 할 내용들을 따로 숙제로 내주었지만, 검사를 해본 결과 외우기가 아예 안 되는 상태였다. 아이의 의지와 결과가 사뭇 다르기에 나는 희주에게 다시 외우라고 주문을 했다. 그리고 교실을 나섰다. 그때였다.

"미친X, 웬 지랄이야!"

순간, 나는 내 귀를 의심했다. 하지만 그 말을 시작으로 희주는 차마 입에 담지 못할 욕설을 내게 연이어 퍼부었다. 살다살다 그런 욕은 처음이었다. 그것도 내가 가르치는 제자에게서 그런 심한 욕설을 듣다니! 말로만 듣던 '멘붕'이란 녀석이 예고도 없이 나를 강타했다. 그리고 짧은 순간, 내 머리는 쉴 새 없이 회전하기 시작했다.

'저 아이를 어째야 하지? 혼내야 하나?'

'아니야, 내가 화를 내면 저 아이도 더 감정이 격해질 거야. 일단 참자!'

'참긴 뭘 참아! 선생도 못 알아보고 욕설을 퍼붓는 저런 아이는 따끔하게 혼을 내야 해!'

'아니야! 분명 이유가 있을 거야. 내가 무리한 요구를 한 것도 아닌데 욕을 했을 때는 분명 이유가 있을 거야!!'

온갖 생각이 내 머리와 마음을 훑고 지나갔지만 결국 내 마음은 하나로 향했다.

'기다리자, 기다리자, 희주가 제 마음을 열어 보일 때까지 기다리자! 그래야 어른이고, 선생이다.'

그간 여러 유형의 아이들을 코칭하며 쌓아온 내공 덕분일까, 나는 생전 처음 듣는 험한 욕설 앞에서도 평정심을 찾을 수 있었다.

그날의 충격을 뒤로 하고 나는 희주에 대한 관찰을 시작했다. 아이는 그 후로도 한동안 내가 내준 과제를 잘 외워오지 못했지만 별다른 지적 없이 나는 묵묵히 관찰을 이어갔다. 무엇이 잘못되었는지도 알려주지 않았지만, 그렇다고 꾸중이나 강요도 하지 않았다.

그 사이 희주는 워드프로세스 자격증 시험에 계속 도전했지만 실패를 거듭했다. 계속되는 불합격에 아이는 기가 죽은 듯 나에게 먼저 도움을 요청해왔다. 꼭 합격하고 싶다며, 어떻게 하면 합격할 수 있는지 물어온 것이었다. 나는 무엇보다도 그 집념에 박수를 쳐주고 싶었다. 보통의 아이들은 두 번만 떨어져도 그냥 포기하고 말기 때문이었다. 그런데 희주는 몇 번이나 떨어졌는데도 그만하겠다는 말을 하지 않았다. 대견하기도 하고 미안한 마음도 들었다.

그렇게 시간은 흘러갔고, 희주는 워드프로세스 자격증 시험에서 여덟 번의 고배를 마신 뒤 마침내 아홉 번째 도전에서 합격의 기쁨을 맛보았다. 연이은 실패에 힘이 빠지고 창피하기도 했을텐데도, 희주는 합격이라는 목표를 달성하기 위해 도전하고 또 도전한 것이었다.

나는 고등학교 1학년 여학생이 만들어낸 인간 승리의 모습을 지켜보면서 희주의 마음속에 자신이 목표로 한 것을 잘하고 싶어 하는 마음이 강하다는 것을 알게 되었다. 그리고 잘하고 싶어 하는 이러한 마음이 아이의 잠재역량이라는 것도 알게 되었다. 짜증을 내고 욕쟁이가 된 희주의 거친 모습은 잘하고 싶은 마음과는 달리 결과가 좋지 않아서 분출되는 속상한 마음이었던 것이다.

나 학교 공부도 잘하고 싶어요

내가 셀프리더십과 자기주도 코칭을 할 때 가장 중요하게 생각하는 것 중에 하나가 간절함의 타이밍을 잡는 것이다. 사람들은 누구든지 간절할 때 받아들이고, 움직이며, 참고 버티며 변화하기 시작한다. 이를 통해 비로소 새로운 모습으로 완전한 탈바꿈을 할 수 있다. 마치 죽음과도 같은 극한을 경험한 사람이 전혀 새로운 인물로 변하듯이 말이다.

물론 아이들이 죽음과 같은 극한의 경험을 하는 경우는 드물고, 그런 일이 일어나게 해서도 안 된다. 대신 아이들에게 간절함을 심어주면 된다. 간절함을 이끌어내기 위해서는 일단 기다려 주어야 한다. 속이 터지도록 화가 나서 참을 수 없어도, 기다리고 또 기다려야 한다. 본인이 자신의 모습이 부족하다는 것을 받아들일 수 있을 때까지, 인정할 때까지 기다리고 또 기다려 주어야 한다. 그래야지만 진정한 변화를 도모할 수 있다.

아홉 번의 도전과 끝까지 포기하지 않는 마음으로 합격증을 받은 희주는 마침내 조금씩 달라지기 시작했다. 컴퓨터 활용능력 자격증 취득을 다음 목표로 설정한 희주는 처음보다 더 자신감 있는 모습으로 공부를 했고, 나에 대한 태도도 조금은 공손해졌다.

"쌤이 비법 알려줄까? 컴퓨터 활용능력은 한 번에 합격하게 해줄 수 있는데."

이제는 내가 나설 차례였다. 합격의 비법을 전수해줘서 '나도 노력하면 된다'는 마음의 씨앗을 뿌리는 타이밍인 것이다.

"네! 쌤 꼭 알려주세요."

"조금 귀찮고 힘이 들텐데."

"괜찮아요. 한 번에 합격할 수 있다면 그 정도야 뭐."

나는 희주에게 노트 정리 비법을 알려주었다. 내용을 노트에 파트별로 정리하고, 같은 문제끼리 정리하고, 헷갈리는 문제끼리 정리시킨 후 외우도록 했다.

"쌤, 저 정말 한 번에 합격했어요."

나를 믿고 성실하게 잘 따라와 준 덕분에 희주는 바람대로 한 번에 합격했고, 나는 "그래, 잘했다. 우리 희주 예쁘고 기특하다."라며 칭찬을 아끼지 않았다. 또 한 번의 성공경험 덕분인지 희주는 더욱 적극적인 아이로 변해갔다. 학교 공부에도 욕심이 많았던 희주는 나에게 학습 코칭을 부탁했다.

"쌤, 저 학교 공부도 잘하고 싶어요. 쌤이 도와주세요."

"그래, 근데 쌤은 가르치는 사람 아닌 거 알지? 공부는 독학이야. 할 수 있겠어?"

"네, 컴퓨터 활용능력처럼 하면 되잖아요."

희망에 부풀어 웃음꽃을 피우며 시작했던 코칭은 얼마 지나지 않아 위기를 맞게 됐다. 아무리 열심히 노력해도 워드프로세스 때처럼 성적이 오를 기미가 보이지 않는 것이었다.

'왜 그럴까? 도대체 왜? 아이는 열심히 하는 것 같은데 성적은 왜 안 오르지?'

희주에 대한 두 번째 관찰이 시작되었다. 그리고 얼마 지나지 않아 그 원인을 찾을 수 있었다. 희주는 공부를 하면서 혼자 짜증내고, 혼자 토라지고, 혼자 화를 내고 있었다. 그리고 다시 스스로 평정심을 찾아 공부를 하는 듯했지만, 얼마 지나지 않아 또 짜증을 내는 행동을 반복했다.

'아, 바로 저거구나!'

희주는 잘하고 싶지만 자신의 마음대로 되지 않는 속상함을 짜증을 내거나 토라지고 화를 내는 것으로 분출하고 있었다. 마음이 롤러코스트를 타듯 요동을 치니 학습에 에너지가 제대로 발휘될 턱이 없었다. 원인을 발견했지만, 나는 섣불리 코칭을 하지 않고 기다렸다. 희주가 나를 찾아올 때까지, 도와달라고 할 때까지 아이의 간절함을 키우면서 기다렸다. 정답을 알고 있으니까 서두를 이유가 없었다. 스스로 움직이는 마음의 간절함을 기다렸다.

"쌤, 저 할 말 있어요."

드디어 희주가 나를 찾아왔다. 그리고는 자신은 공부를 정말 잘하고 싶은데 아무리 열심히 해도 70점대 중반을 넘기기 힘들다며 나에게 조언을 구했다.

"희주야, 너 진짜 공부 잘하고 싶어?"

"네."

"알려줄까? 쌤은 아는데."

"알려주세요. 꼭 알려주세요."

"짜증내지 마. 그거 하나면 돼."

예상치 못한 말에 희주는 황당하다는 표정을 지었다.

"너 시험공부 할 때 보면 혼자 짜증내고, 혼자 삐지고, 혼자 풀리고를 반복하고 있더라. 아무도 널 건드리는 아이가 없는데도 말이야. 공부가 잘 되지 않아서 그런다는 건 알아. 하지만 그런 부정적인 감정에 계속해서 너의 에너지를 소모시킨다면 공부에 사용할 에너지가 줄어드는 것은 당연한 일이야."

"아 ……."

희주는 그제야 내 말을 이해하는 듯 조금은 창피해 하는 얼굴빛을 보았다.

"네, 앞으로 짜증 안 낼게요."

실제로 그날 이후 희주는 짜증을 내지 않으려고 노력하는 모습을 보였다.

엄마의 빈자리가 너무 커요

열심히 감정조절을 하고 스스로 최고의 컨디션을 만들며 공부를 해나가던 희주는, 왜 그런지 학원이 끝나고 "집에 가자."라는 말만 하면 얼굴이 급격히 어두워졌다. 나는 왜 그런지 이유를 조심스레 물었다.

"쌤, 저 집에 가면 바로 자야 해요. 집에는 책상도 없어요."

고등학생의 집에 책상이 없다는 말에 놀랐지만 아이가 무안할까봐 아무렇지 않은 듯 대답을 했다.

"그럼 작은 밥상이라도 펴고 하면 되잖아."

"밥상도 없고, 아버지가 10시만 되면 공부고 뭐고 그냥 자래요."

희주는 말을 채 끝내기도 전에 엉엉 울기 시작했다. 나는 아이가 마음껏 울 수 있도록 기다렸다. 그리고 감정이 조금 가라앉았을 때 조심스럽게 물어보았다.

"희주야, 미안한데 너 혹시 엄마 안 계시니?"

내 말에 희주는 고개를 끄덕였다. 그리고는 부모님이 이혼한 후 자신은 여동생과 함께 아버지와 살고 있다는 말을 덧붙였다.

"그런데 아버지는 우리 의견은 무시하고 너무 자기 마음대로만 하세요."

한창 엄마의 손길이 필요한 나이에 엄마 없이 지내는 것도 마음이 아픈데, 희주의 아버지는 당신만의 일방적인 규율을 아이들에게 강요하고 있었다. 희주가 유독 아버지한테 전화가 오면 얼음이 되는 이유를 그제야 알 것 같았다. 엄마 없이 딸 둘을 키우다보니 혹여나 삐뚤어질까 염려가 되어 더욱 엄하게 키웠는데, 희주는 오히려 그것이 불만과 상처로 남은 듯했다.

'내가 엄마 대신 네 엄마 해줄게.'

나는 들썩이는 아이의 작은 어깨를 감싸 안으며 마음속으로 다짐했다. 그날 이후부터 나는 아주 세심하게 희주를 챙겼다. 물론 너무 노골적이거나 과해서 아이가 부담을 느끼지 않도록 배려하는 것도 잊지 않았다. 공부하다가 아이가 힘들어하면 함께 중앙공원을 한 바퀴를 돌며 아이스크림도 사먹었다. 가끔 백화점에 가서 공짜 커피도 마시고, 아이쇼핑도 해주었다. 희주에게 어울릴만한 옷을 발견하면 입어보라고 권하기도 하고 예쁘다고 폭풍 칭찬도 해주면서 엄마의 빈자리를 조금씩 채워주기 시작했다.

진심은 통하기 마련이다. 특히나 아이들은 진심을 빨리 느낄 뿐만 아니라 변화 또한 빠르다. 희주는 공부할 때 짜증을 내지 않는 것은 물론이고, 마음이 따뜻한 아이로 변화하고 있었다. 그렇게 희주와 함께한지 1년이 지날 무렵 희주의 아버지가 학원을 방문하셨다.

"우리 애가 한 학원을 이렇게 오래 다닌 적이 없어요. 도대체 선생님이 어떤 사람인지 내가 직접 보러 왔수다."

말씀은 무뚝뚝하게 하셨지만 그 안에 감춰진 딸을 아끼는 마음이 충분히 느껴졌다. 나는 모든 일을 중단하고 무려 3시간 동안 희주에 대한 나의 마음과 열심히 하고 싶어 하는 아이의 마음을 성심을 다해 설명했다.

"사실 우리 딸이 학교 입학할 때 반에서 뒤에서 2번째였수다. 잘 부탁드리겠수."

"네, 아버님. 감사하고 또 감사합니다. 앞으로 집에 늦으면 희주는 저랑 있는 겁니다. 공부하고 있을 겁니다. 걱정하지 않으셔도 됩니다. 제 딸처럼 보살피겠습니다."

나는 엘리베이터 앞까지 배웅을 나가며 감사함에 연신 머리를 숙였다.

그날 이후 희주 아버지도 큰 변화를 보이셨다. 그동안은 희주가 공부를 하고 있는데도 놀고 있다고 의심을 하여 늘 확인 전화를 하셨었다. 희주와 통화를 하는 것은 물론 나의 목소리까지 확인하시고는 전화를 끊으셨었다. 하지만 나와 희주의 간절한 마음이 충분히 전달되면서 더 이상 의심 전화는 하지 않으셨다. 대신 새벽 2시까지 공부하는 딸을 우리집 주차장에서 기다리시면서 아이를 도와주는 자상한 아버지가 되셨다. 희주의 성적이 눈에 띠게 향상되자 "우리 딸 공부도 잘한다."며 이웃에게 맘껏 자랑도 하셨다.

아버지의 믿음과 아이의 노력, 그리고 나의 애정이 더해져 희주는 놀라운 성과를 내기 시작했다. 1학년 2학기에 과학 93점을 시작으로 2학년 2학기에는 4과목을 90점 이상의 높은 점수를 받았다. 뿐만 아니다. 3학년 1학기에는 한 과목 100점, 3과목 90점 이상을 받았으며, 3학년 2학기에는 한 과목 100점, 그리고 무려 7과목을 90점 이상을 받으며 교과우수상을 수상했고, 졸업식에서는 8명이 수상하는 학업우수상까지 받게 되었다.

아이들의 성장은 내가 이 일을 하는 가장 큰 이유이다. 수학 공식이나 영어 단어 암기법을 일일이 가르쳐주지 않아도 마음 하나만 똑바로 잡아주면 아이들은 스스로 성장한다. 희주의 성장과 발전은 내 믿음이 틀리지 않았음을 거듭 확인시켜 주었다.

지금은 대학을 졸업하고 직장인이 되어 있을 내 마음의 딸 희주. 그 아이가 자신의 꿈과 목표를 이루며 점점 더 성장해나가고 있을 것을 생각하니 흐뭇하기 그지없다.

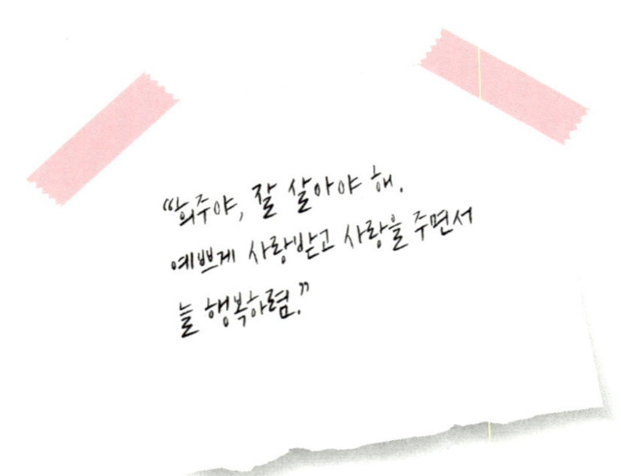

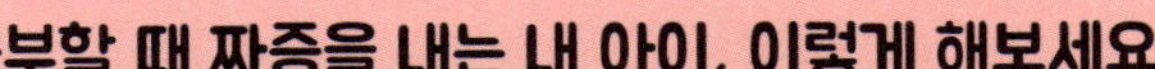

공부할 때 짜증을 내는 내 아이, 이렇게 해보세요!

하나

아이의 감정을 조절해 주세요. 자신의 감정을 꽁꽁 숨기고 있는 것보다는 표현하는 것이 훨씬 더 건강하다고 하죠. 하지만 화나 짜증과 같은 부정적인 감정의 지나친 표출은 타인에게 상처를 줄 뿐만 아니라 스스로를 상처내기도 한답니다. 부정적인 감정을 건강하게 다스리고 조절할 수 있도록 도와주세요.

둘

짜증의 원인을 관찰해 보세요. 뭔가를 하고 싶거나 이루고 싶은데 그게 잘 되지 않을 때 우리는 짜증이 나곤 하죠. 아이들의 경우는 그것이 공부를 잘하고 싶은 마음일 수도 있답니다.

셋

힘들어 보일 때는 아무 말 없이 쇼핑이나 산책을 가주세요. 기분을 전환하는 것만으로도 아이의 마음이 평온해질 수 있답니다.

넷

끊임없이 아이의 마음을 읽어주세요. 겉으로 보이는 것이 전부가 아니랍니다. 사랑으로 아이의 마음을 살피다보면 아이의 진짜 마음이 보인답니다.

다섯

아이와 한 마음이 되어주세요. 관찰을 통해 아이의 진짜 마음을 보았다면 이젠 아이와 한 마음이 되어주세요. 내면에 깔린 불만과 아픔, 잘하고 싶은 데 잘 되지 않아 속상한 마음을 함께 공감해주세요.

엄마,
나 좀 깨워주세요,
도와주세요

뒷심이 부족해
늘 시험 마지막 날에 망치는 아이

한의학에서 사용하는 말 중에 '통즉불통通卽不痛 불통즉통不通卽痛'이라는 말이 있다. '통하면 아프지 않고, 통하지 못하면 아프다'라는 뜻을 가진 말로, 기나 혈의 흐름이 막힘없이 원활하게 흐르면 병이 없고 원활하지 못하면 병이 생겨 몸이 아프다는 의미이다.

사람과 사람의 관계도 우리 몸과 별반 다르지 않다. 마음과 생각이 막힘없이 잘 통하면 좋은 관계를 유지할 수 있지만 잘 통하지 않으면 삐걱거리며 문제가 생기게 된다. 부모와 자식 간에도 원활한 소통은 건강한 관계를 위한 기본 중의 기본이다. 그런데 아이들은 사춘기를 지나면서 제 마음을 드러내는 것에 소극적이 된다. 휴대폰만 들여다보며 손바닥 안의 세상에 정신을 뺏기는가 하면, 방문을 굳게 잠근 채 가족과의 소통을 아예 단절하기도 한다.

"Whatever!"

영화 「우리는 동물원을 샀다」에 나오는 사춘기 소년 딜런은 아빠와의 대화를 늘 "어쩌라고!"로 끊어버린다. 그도 그럴 것이 아빠 벤자민이 딜런에게 하는 말의 대부분은 지시와 가르침이다.

6개월 전 아내가 세상을 떠난 후, 14살 벤자민과 7살 딸아이 로지를 키우며 하루가 어떻게 가는지 모를 정도로 정신없는 나날들이 이어진다. 엄마의 부재와 사춘기가 맞물린 탓인지 딜런은 소소한 범죄를 연이어 저지르다가 급기야 학교에서 퇴학을 당하게 된다. 게다가 딜런의 유일한 탈출구였던 그림마저 점점 더 괴기스럽고 어둡게 변해간다.

"아이의 마음을 좀 들여다 봐 주세요."

교장선생님은 딜런의 퇴학 통보를 하며 벤자민에게 조언을 한다. 결국 딜런의 가족은 모든 것을 새롭게 시작할 결심으로 이사를 하게 되는데, 어린 딸 로지의 마음을 빼앗은 곳이 다름 아닌 동물원이 딸린 집이었다.

동물들을 돌보며 즐겁고 행복해하는 동생과는 달리 딜런은 자신의 뜻과는 전혀 상관없이 이사를 결정한 아빠에게 화가 나고, 급기야 둘은 그동안 쌓였던 불만들을 토해내며 크게 다투게 된다. 불평만 하며 겉돌 것이 아니라 가족을 좀 도와주면 안 되느냐고 화를 내는 아빠에게 딜런이 소리친다.

"아빠가 날 좀 도와줘요. 도와달라고요! 아빠는 내게 관심이 없어요. 면도하는 법도 안 가르쳐 줬잖아요!"

지금껏 한 번도 도와달라고 말한 적이 없던 딜런의 느닷없는 외침에 벤자민은 뭔가로 얻어맞은 듯 당황해 한다.

"면도하는 법을 배우고 싶니? 나도 가르쳐주고 싶어. 면도 해보자."

병든 아내를 돌보느라 아들 딜런의 마음을 헤아려줄 여유가 없었던 벤자민은 그제야 아들이 필요로 했던 것은 아빠의 관심과 애정이란 것을 깨닫게 된다.

불통의 벽을 허무는 열쇠는 그리 대단한 것이 아니었다. 자신이 진정 무엇을 원하는지 표현하는 것, 그리고 그것을 들어주는 일이었다.

영화에서도 알 수 있듯이 부모 자식 간에도 도움이 필요할 때는 도와달라고 말할 줄 알아야 한다. '우는 아이 젖 준다'는 말처럼 표현하지 않으면 아무리 절친한 사이라 하더라도 그 마음을 온전히 알 수가 없다. 상대를 배려하는 마음에 혼자 끙끙대다가는 결국 불통의 벽을 더욱 높고 두텁게 만드는 결과를 가져온다.

고등학교 1학년 은서는 맞벌이로 바쁜 엄마를 배려해 혼자 알아서 공부를 했다. 어떻게든 혼자 잠을 이기며 공부를 해보지만 결국 시험 마지막 날엔 일찍 잠들어버려 시험을 망치기 일쑤였다. "엄마 나 좀 깨워주세요." 한 마디면 해결될 일을 오랜 시간 마음속에 끙끙 담아둔 탓에 '왜 우리 엄마는 다른 엄마들처럼 내 공부에 신경을 쓰지 않을까?' 라는 서운한 마음만

쌓여가고 있었다.

공부를 해야 하는데 자꾸만 졸려요

고등학교 1학년 때 만난 은서는 첫인상이 무척이나 야무지고 뭐든 열심히 하려는 아이였다. 그런데 한편으론 잘하려는 마음이 지나쳐 어른들의 눈치를 보기도 했고, 제 또래 아이들에게는 욕심이나 질투를 부리기도 했다. 알고 보니 은서는 위로 언니가 둘이고 아래로는 남동생이 한 명 있었다.

형제 많은 집에서 가운데 끼인 아이, 그것도 딸 부잣집 셋째 딸이다 보니 그것이 제 나름대로 예쁨을 받는 방식이었다.

은서는 공부도 곧잘 했는데, 특히 암기능력이 뛰어났다. 그런데 시험을 보면 뒷심이 늘 딸렸다. 첫날은 100점, 98점이 나오는데 시험이 계속될수록 점수가 점점 낮아졌다. '왜 점수가 안 나오지? 어떤 문제가 있을까?'를 생각하면서 나는 은서의 행동과 마음을 관찰하기 시작했지만, 별다른 문제는 없어 보였다. 공부도 열심히 하고 친구들과 이야기도 잘하며 무난하게 지내고 있었다.

"은서야, 너는 시험 첫날의 성적과 마지막 날의 성적 차이가 너무 많이 나는데, 왜 그럴까?"

이유를 찾기 위해 나는 아이와 대화를 시도했다. 하지만 내 물음에 은서는 쉽게 말문을 열지 못했다. 아이가 부담스러워하는 눈치가 보여 더 이상은 묻지 않았다.

기말고사 시험이 시작되었다. 역시 은서는 첫날 시험은 만점이거나 한 개 정도 틀렸다. 은서는 집에 갈 시간이 되었는데도 가지 않고 내게 무슨 할 말이 있는 듯 머뭇거리고 있었다.

"왜? 선생님한테 할 말 있니?"

"아, 아니에요."

무슨 일인지 물었지만 은서는 별다른 말없이 집으로 돌아갔다. 그날 나는 고3 아이들과 함께 밤을 새면서 마지막 시험 준비를 하고 있었다. 고등학교 3학년 1학기의 기말고사는 수시로 대학을 준비하는 학생들의 마지막 내신 시험으로, 대학의 당락을 결정하는 중요한 시기이기 때문에 나도 아이들과 함께 밤을 꼴딱 새곤 하였었다.

"자니?"

시험 때면 후반으로 갈수록 힘이 빠지는 은서가 염려되어 문자를 한번 보내봤다.

"아니요. 근데 졸려요."

아이의 목소리엔 졸음이 잔뜩 묻어 있었다. 나는 어머니에게 깨워달라고 부탁하고 잠깐 눈을 붙이라고 했다.

"엄마는 주무시는데요."

"그럼 너 매일 혼자 공부하는 거야?"

"네. 엄마는 저한테 별로 관심이 없어요. 그래서 시험 때도 혼자 공부하다가 자꾸 자게 되요."

"어머니께서 많이 피곤하신 모양이구나. 대신 선생님이 도와줄게."

은서와 문자를 주고받다보니 아이가 시험 마지막 날에 뒷심이 부족한 이유를 알 것 같았다. 혼자 하려니 첫날은 버티지만 마지막으로 갈수록 힘이 빠지고 졸음이 쏟아져 버티지를 못하는 것이었다. 나는 아이에게 무슨 도움을 주어야 할지를 알 것 같았다.

"선생님이 중간 중간 문자 해주고 수다 떨어줄까?"

"진짜요? 좋아요! 정말 좋아요!"

뛸듯이 기뻐하는 아이의 몸짓이 그대로 전해져왔다. 밤늦은 시간에 혼자 버티면서 외롭고 힘들었겠구나 하는 생각이 들었다.

엄마가 도와줬으면 좋겠어요

다음날 은서는 싱글거리며 학원을 들어섰다. 그리고는 나를 보자마자 시험을 잘 쳤다며 자랑을 늘어놓았다. 한 과목은 만점을 받고 한 과목은 두 개를 틀렸다며 좋아했다.

"오호! 잘했네."

"이게 다 선생님 덕분이에요. 어제 선생님이 밤새 문자해 주셔서 잠을 이길 수 있었어요."

중간중간 문자를 보내 수다를 떨어준 것 외엔 특별히 한 게 없었지만, 아이는 졸음과 싸우며 보냈던 깜깜한 밤에 내가 곁에 있는 것같은 든든함을 느낀 듯했다. 아이들에게 필요한 것은 특별한 게 아니었다. 자신을 향한 사랑과 관심이 힘이 되고 양분이 되어 스스로를 성장하게 한다.

드디어 시험 마지막 날이다. 나는 은서에게 필요한 것이 무엇인지를 잘 알기에 밤새 열심히 문자를 보냈다.

"자냐?"

"아니요."

"너 때문에 쌤 잠도 못 자고 있는 거 알지?"

"넵! 감사해요. 쌤 ^^"

"오늘 밤만 잘 버티면 돼. 알지?"

나는 수시로 은서가 자는지를 확인하고 응원과 격려의 문자를 쏘아대며 든든한 조력자가 되어주었다.

다음날 은서는 엄청난 결과를 가지고 왔다. 늘 시험 마지막 날은 80점 이하로 점수가 뚝 떨어졌었는데 놀랍게도 모두 90점대의 성적을 유지했다. 얼마나 기특한지, 얼마나 예쁜지! 나는 환호성을 지르며 아이를 꼭 안아주었다.

며칠이 지난 후 어머니께서 학원에 찾아오셨다. 은서가 이번 시험에서 좋은 결과를 낸 것에 대해 감사의 인사를 하러 오신 것이었다.

'이렇게 날 찾아오시는 어머님이라면 은서에게 분명히 관심이 많으실 텐데, 왜 은서는 엄마가 자신에게 관심이 없다고 생각하지?'

사실 은서는 시험 기간인데도 일찍 잠자리에 드는 엄마에 대해 불만이 많았었다. 자신에게 도통 관심이 없다는 것이었다. 요즘은 맞벌이를 하는 부부가 늘다보니 마음은 넘치지만 체력이 따라주질 않아 아이들 옆에서 도움을 주는 것에 한계를 느끼는 경우가 많다. 이런 서로의 마음과 입

  울림이 있는 공부는 절대 배신하지 않는다

장을 대화를 통해 조율하면 좋겠지만, 은서는 도움을 요청하기보다는 알아서 챙겨주기를 바라며 속으로 불만만 쌓아가고 있었던 것이었다. 이쯤에서 내가 나서서 서로의 마음을 전하는 게 나을 것 같아 나는 어렵사리 말을 꺼냈다.

"사실 은서는 시험 볼 때 엄마가 자신을 도와주었으면 하더라고요."

"네? 무슨 말씀인지요?"

"밤늦게 혼자 공부하면 너무 졸린다고 하더라고요."

"아 ⋯."

내 말에 은서 어머니는 그제야 은서의 불만이 무엇인줄 알겠다며 고개를 끄덕였다. 학년이 올라갈수록 부쩍 말수가 줄어든데다 뭔가 불만이 있는 얼굴인데 말을 하지 않아 도통 알 수가 없었다는 것이었다.

"그랬군요. 사실 은서 위로 언니 둘, 그리고 아래로 남동생이 한 명 있어요. 두 언니는 모두 제 손을 전혀 거치지 않고 컸어요. 그래도 첫째는 미대에 갔고, 둘째는 일본으로 유학까지 갔어요."

어머니는 은서의 두 언니가 별다른 도움 없이도 잘해내는 것을 보며 아이들은 모두 자기 스스로 하는 것인 줄 알았다고 하셨다. 어머니는 당신의 교육철학을 덧붙여 설명해주셨는데, 나 역시 공감이 되는 부분이라 고개를 끄덕일 수박에 없었다.

"은서의 언니들이 정말 대견하네요. 어머님이 정말 잘 키우셨어요. 그런데 은서는 언니들과는 조금 다른가 봐요. 은서는 잠을 이기지 못해 그 부분만이라도 엄마가 도와주셨으면 좋겠다고 생각하는데 ⋯."

“내 생각이 짧았어요. 언니들이 잘해냈기에 은서도 알아서 잘할 것이라 생각하고 소홀히 했어요.”

이른 새벽에 출근을 해야 하는 탓에 밤잠을 줄일 수가 없어 은서에게 신경을 쓰지 못했다며 미안해하셨다.

“어머님 마음 충분히 알았으니 제가 그 마음을 대신 전할게요. 엄마가 얼마나 저를 사랑하고 위하는지 은서도 알거예요.”

“네, 저도 은서와 이야기를 많이 해봐야겠어요. 도움을 주고 싶지만 새벽에 일찍 일어나려면 밤늦게까지 은서와 함께 있어주기가 쉽지 않아요. 아이가 그걸 이해해 줄지가 걱정이네요.”

“어머님의 상황과 마음을 충분히 설명해주시면 은서도 이해할 거예요. 대신 시험기간에 제가 함께할게요. 제가 함께하기 어려운 상황이 되면 그때는 어머니께 말씀 드릴게요.”

“선생님, 정말 정말 감사합니다.”

나는 은서에게 어머니의 마음을 전해주었고, 어머니 역시 은서에게 미안한 마음을 전하셨다. 다행히 은서는 어머니의 입장을 이해하고 마음을 풀기 시작했다. 짧은 대화만으로도 충분히 그 마음이 전해지는 것을 그동안 표현하지 않고 속만 끓인 은서가 안타까웠다.

엄마의 마음을 알게 된 은서는 진심으로 엄마를 이해하며 배려하게 되었고, 스스로 하려는 의지 또한 더욱 강해졌다. 그 결과, 시험 마지막 날이면 성적이 엉망이 되던 그동안의 징크스를 깨고 평균 90점 이상의 좋은 성적을 계속 유지해 갔다. 또한 전국 ITQ대회 그래픽 부분 대상

을 수상하고 아이패드를 부상으로 받기도 하며 자신의 길을 열심히 걸
어갔다.

"은서야, 도움이 필요하면
혼자 끙끙대지 말고 표현을 하도록 하자.
비록 상황이 맞지 않아 도움을 줄 수 없을지도
모르지만 그 마음만은 서로 충분히 이해하기에
더 큰 사랑과 신뢰가 쌓일 거야."

하나 아이의 사소한 행동 하나에서라도 마음을 살피려 노력해주세요. 아이들은 자신의 마음을 표현하지 않을 때가 많답니다.

둘 별 것 아닌 것이라고 해도 가급적 설명을 해주세요. 세상 그 어떤 것도 당연한 것은 없답니다. 힘들고 피곤한 엄마의 상황을 '당연히' 이해하는 아이는 드물답니다. 설명하고 이해를 구해야 한답니다.

셋 엄마의 마음을 표현해주세요. 비록 큰 도움을 주지는 못하지만 늘 아이를 염려하고 사랑한다는 그 마음을 전하는 것만으로도 아이는 큰 힘을 얻는답니다.

넷 함께 하지는 못할지라도 늘 관심을 두고 있음을 알려주세요. 아주 작은 관심에도 아이는 감동한답니다.

다섯 혼자 하기 힘든 일이 있을 때는 주변에 도움을 청하세요. 의외로 도움을 줄 사람들이 많답니다.

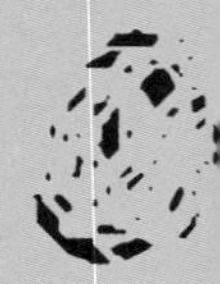

값진 성과를 얻으려면
한 걸음 한 걸음이 힘차고
충실하지 않으면 안 된다.
_ 단테 _

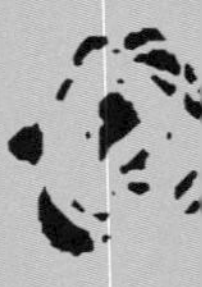

5부

너의 진심이 너를 도울거야

마음을 들여다보며 진심을 표현하게 하라

내 꿈을 향한 진정성을 담았어요

입학 의도를 진정성 있게
설명해 의대에 합격한 아이

삶은 설득의 연속이다. 사랑을 얻기 위해서, 화해를 하기 위해서, 용서를 구하기 위해서도 상대를 설득해야 한다. 어디 그뿐인가. 대학에 합격하기 위해서, 취업을 하기 위해서, 제품을 판매하기 위해서도 상대가 내게 호감을 가질 수 있도록 설득해야 한다.

이런 설득의 과정에서 어떻게 하면 나의 진심을 제대로 전달할 수 있을지 고민하고, 때로는 나의 바람이, 진정 전하고자 하는 의도가 상대방에게 정확하게 전달되지 않았을까봐 마음을 졸이곤 한다. 그래서 전달하고자 하는 진심은 뒷전인 채 화려한 언변과 수사를 곁들이는 것에 더 신경을 쓰는 실수를 하기도 한다. 내용물보다는 포장에 더 정성을 기울이는 것이다.

자기소개서나 면접을 준비하는 아이들도 마찬가지다. 자신의 마음을 들여다보며 진정성 있게 표현하기보다는 때로는 과장되게, 혹은 기법적인 면에 더 신경을 쓰느라 정작 중요한 알맹이는 소홀히 하기도 한다.

실화를 다룬 영화 「킹스 스피치」는 상대를 설득함에 있어 알맹이, 즉 진정성의 중요성을 잘 보여준다. 제2차 세계대전을 앞둔 영국은 갑작스레 왕이 바뀌는 일이 벌어졌다. 에드워드 8세가 미국의 이혼녀와 사랑에 빠져 왕위를 포기하고 만 것이었다. 그러자 그의 동생이 왕위를 이어받았는데, 바로 조지 6세였다.

조지 6세는 뜻하지 않게 왕위를 이어받은 것도 당황스러웠지만, 더 큰 문제가 있었다. 그는 심하게 말을 더듬었다. 한 나라의 왕이 말을 더듬는다는 것은 심각한 콤플렉스가 아닐 수 없었다. 게다가 나치 독일의 위협에 전쟁을 이끌어야 하는 입장에서는, 이것이 매우 치명적인 약점으로 부각됐다. 하지만 조지 6세는 노력을 거듭한 끝에 선전포고 연설을 하였고, 다소 매끄럽지는 못해도 그의 진정성을 보여준 덕분에 영국의 국민들은 전쟁의 공포에서 벗어나 심기일전하여 하나로 뭉칠 수 있었다고 한다.

만약 조지 6세가 자신의 말 더듬증을 걱정하여 번지르르한 문구로 가득 찬 글로 성명을 발표했다면 어떻게 됐을까? 아마도 국민들은 파죽지세로 유럽 대륙을 침공하던 독일의 위세에 눌린 공포감을 쉽게 극복하지 못했을 것이다.

영화를 보면, 조지 6세가 히틀러의 연설이 담긴 영상을 보는 장면이 나온다. 자신과는 너무나 다르게 사람의 마음을 들었다 놨다 하는 히틀러는 그야말로 연설의 대가였다. 막힘없는 그의 연설을 본 조지 6세는 "말 한 번 잘하는군!"이라고 툭 내뱉는다. 가식과 위선이 가득 담긴 선동을 꼬집는 말이었다. 조지 6세의 말대로 히틀러는 기가 막힌 웅변을 선보였지만, 진정성이라곤 찾아볼 수 없는 가식 그 자체였다.

진정성이란 말의 유래는 그리스어인 'authentikos'로부터 나왔다. 이 말은 '진짜'라는 뜻이라고 한다. 진정성을 보인다는 것은, 그럴듯한 가짜들을 나열하는 게 아니라 진짜를 보여주는 것을 말한다. 내가 누군가에게 진정성을 보여주고 싶다면, 진짜 내 마음을 보여줘야 한다. 내가 무엇을 원하는지, 왜 바라는지를 보여주는 것만큼 좋은 것은 없다. 대기업 인사담당자들은 한결같이, 화려한 스펙이 선발의 최종 기준이 되지는 않는다고 한다. 사실 요즘 스펙 쌓기는 그다지 변별력이 없다. 토익 만점자도 수두룩하고, 어학연수를 다녀온 사람들도 너무나 많다.

화려한 스펙이 별다른 차별화가 되지 못하고, 뛰어난 언변과 수사로 가득 찬 자기소개서가 공감을 얻지 못한다면 결국 진정성이 해답이다. 내가 가진 진정성을 보여주는 것보다 더 훌륭한 설득의 기술은 없다.

자기소개서 제출 마감일을 얼마 남겨놓지 않은 상황에서 나를 찾아온 도훈이는 오랫동안 의사의 꿈을 품고 있었고, 그 꿈을 이루기 위해 의대에 지원했었다. 아이는 1.7등급이라는 다소 부족한 성적임에도 불구하고 진정성 있는 자기소개서로 평가위원들의 마음을 얻어, 결국 당당히 의대에 합격할 수 있었다.

"제 별명은 입술입니다."

말이 떨어지기 무섭게 아이들이 큰 소리로 웃었다. 도톰하다 못해 제법 두 터운 입술을 가진 도훈이는 제 입술을 쭉 내밀어 보이며 당당하게 웃었다.

고등학교 2학년들을 대상으로 한 여름방학 자기주도 코칭 특강에서 나 는 아이들에게 자신의 특징을 살린 별명을 지어보라고 했다. 그랬더니 도 훈이는 자칫 콤플렉스가 될 수 있는 두꺼운 입술을 당당히 별명으로 붙여 팀 중에 가장 자신을 인상적으로 부각시켰었다. 나는 도훈이의 그런 솔직 하고 당당한 모습이 잠재역량이자 강점임을 바로 알 수 있었다. 대학은 우 수한 스펙이나 수식어가 가득한 화려한 자기소개서보다는 솔직함으로 꽉 찬 진정성 있는 자기소개서를 더 원하기 때문이었다.

"도훈아, 너는 너의 입술을 표현하는 솔직한 모습이 최고의 강점이야. 입학사정관들에게 너를 알릴 적합한 모습이지. 내년에 한번 준비해 봐. 좋 은 성과가 있을 거야."

"진짜요? 감사합니다."

그렇게 1년이 지난 여름날 전화 한 통이 왔다. 도훈이 어머니셨다.

"도훈이요? 아! 혹시 입술인가요?"

"네, 맞아요. 우리 아이 별명까지 기억해주시네요."

어머니는 도훈이가 그때 내 강의가 인상적이었는지 집에 와서 나에 관 한 이야기를 많이 했다고 하셨다.

"그렇군요. 도훈이는 강점이 두드러지게 나타나서 기억에 많이 남는 아이에요.”

짧은 인사말이 오간 후 도훈이 어머니는 조심스레 본론을 꺼내셨다.

“사실 도훈이가 선생님께서 자기소개서와 면접을 특별한 방식으로 가르치신다며 배우고 싶다고 했는데, 제가 그동안 대답을 안 해줬어요. 그렇게 어영부영하다보니 시간이 금세 흘러버렸네요.”

어머니는 도훈이가 자기소개서 준비를 전혀 못한 상태라며 한숨을 내쉬셨다.

“아니, 지금 접수일이 며칠 안 남았는데 아직도 준비를 못했다고요?”

“그러니까요. 무슨 방법이 없을까요?”

나는 일단 도훈이와 함께 학원으로 오시라고 했다. 얼굴을 맞대고 의논을 해야 답이 나올 것 같았다. 다음날 도훈이 어머니께서 학원에 오셨다. 도훈이는 심화반 수업 때문에 밤늦게까지 학교에 있어야 해서 함께 오질 못했다고 하셨다.

“도훈이가 무척 스트레스를 받고 있어요. 날짜는 바짝바짝 다가오는데 준비한 게 없으니 많이 초조한 거 같아요. 어떨 땐 집에 오면 머리를 벽에 부딪치기도 해요. 선생님께서 우리 아이 좀 도와주세요.”

아이의 힘든 마음과 어머니의 간절한 마음이 느껴졌지만, 한편으론 혹시라도 내게 잘못된 기대를 하고 오신 것은 아닌지 염려가 됐다. 그래서 도훈이 어머니께 나는 자기소개서에 첨삭을 달아주거나 대필을 해주는 사람이 아니란 사실을 아주 분명하게 설명드렸다.

“그럼 어떻게?”

"저는 아이가 자기 스스로 자신의 언어로 자신을 표현할 수 있도록 코칭을 해준답니다. 자신의 언어로 표현해야지만 자기소개서는 물론이고 면접까지 통과할 수 있거든요. 이것이 제가 90% 이상의 합격률을 낼 수 있는 기적의 비법이랍니다."

내가 아이들에게 자기소개서와 면접을 코칭하는 방법에 대해 자세히 설명 드린 후, 나는 '혹시라도 대필이나 첨삭을 원하면 다른 곳으로 가야 함'을 분명히 했다.

"도훈이와 한 번 더 상의해볼게요."

내 말이 이해는 가지만 워낙 생소한 방법이라 어머니는 선뜻 결정하기가 힘들다며 아이와 한 번 더 상의해 보겠다고 하셨다.

보여요, 내 마음이 보여요!

"선생님, 잘 지내셨어요? 다시 만나게 되어 반갑습니다."
어머니가 다녀가시고 이틀이 지난 뒤 도훈이가 나를 찾아왔다. 1년 사이 더욱 의젓해진 도훈이는 씩씩하게 인사를 하며 학원으로 들어섰다. 시간이 촉박한 탓에 반가운 마음을 나눌 짬도 없이 우리는 즉시 자기소개서 프로젝트를 시작했다.

"우리 시간이 별로 없으니 지금부턴 무조건 파이팅이다!"
"네, 선생님!"
남은 시간이 별로 없어 추석 연휴도 반납한 채 나는 도훈이의 자기소개서 준비에 집중했다. 우리는 정해진 시각이 아니라 서로 짬이 나는대로 무조건 만나 준비를 했다. 시간이 부족한 상황에서 수시 6개의 자기소개서는 만만치 않은 도전이기 때문이었다.

합격을 하기 위해서는 무엇보다도 6개의 자기소개서 소재를 뽑아내는 것이 관건이었다. 아이에게 그동안 있었던 일을 다 듣고 코칭 질문을 통해 소재를 뽑아내는 것은 아이도 나도 무척 힘든 과정이었다. 자기소개서의 틀을 뽑으면 최종 점검은 아이를 가장 잘 아는 학교 선생님과 마무리하는 것을 원칙으로 하기에 며칠의 여유를 둔 상태에서 마무리를 지어야 했다.

그렇게 쉼 없이 이어진 빡빡한 코칭을 통해 우리는 5개의 자기소개서를 완성해냈다. 그런데 마지막 하나의 자기소개서를 남겨두고 도훈이는 온몸의 체력이 모두 고갈된 듯 맥을 추지 못했다. 소위 말하는 '멘붕'이 온 것이었다. 앞서 5개의 자기소개서를 쓰며 진이 빠진 데다, 마지막 남겨둔 자기소개서는 자신이 꼭 가고 싶었던 학교와 학과에 제출할 것이었기 때문에 더욱 긴장이 되는 듯했다.

마감을 하루 남겨둔 상태에서 도훈이는 자기소개서의 마지막 문항인 '지원동기 및 학업계획'을 서술하는 곳에서 겨우 10줄 정도를 작성한 후 더 이상의 진전을 보지 못하고 있었다. 게다가 이미 써놓은 것도 내용이 두서가 없었다.

도훈이의 경직된 마음을 어떻게 풀어줄까? 간절함을 어떻게 표현할 수 있게 해줄까? 나는 도훈이가 적어 놓은 10줄을 읽고 또 읽었다. 무작정 계속 읽었다. 그 속에 담긴 아이의 마음을 읽을 수 있을 때까지 읽고 또 읽었다. 그리고 마침내 도훈이의 마음을 표현하는 단어들이 하나둘 내 눈에 들어오기 시작했다.

'마음, 생각, 확신, 열정, 항상, 늘, 꼭, 의사의 꿈을 지킬 수 있는'

내 눈에 들어온 단어들을 나열해 보니 도훈이가 말하고 싶어 하는 의도가 보이기 시작했다.

"도훈아, 어때? 이 단어들 ⋯."

"네?"

"뭐가 보이지 않니?"

"글쎄요."

"난 너의 마음이 보이는데."

내 말에 아이는 고개를 갸웃했다.

"잘 봐. 이 단어들 속에 너의 마음이 보이지 않니? 네가 말하고 싶은 것들 말이야."

내 말에 도훈이는 찬찬히 단어들을 살펴 보았다. 그리고 잠시 후 자신의 눈에도 뭔가가 보인다며 좋아했다.

"정말 보여요. 이것은 한두 해 사이에 생긴 꿈이 아니에요. 아주 오래 전부터 제 마음 속에서 간절히 바라던 꿈이에요."

"그럼 이제 네가 무엇을 말해야 하는지 알겠지? 네가 그곳에 꼭 입학해야 하는 이유를 설명하면 되는 거야. 솔직하게 진정성을 담아서."

도훈이는 자신의 콤플렉스인 입술을 무척이나 당당하고 솔직하게 드러내며, 모두에게 인상적으로 다가왔던 아이였다. 이러한 아이의 강점은 입시에서도 큰 힘을 발휘할 것이 분명했다. 부족하고 모자란 것을 감추기보다는 솔직하게 드러내면서 자신의 간절함을 담아낸다면, 그 진정성이 교수님들의 마음을 얻을 수 있으리라 기대했다.

다음날이 원서 접수 마감일이었지만 나는 외부 강의가 잡혀 있어서 도훈이를 도와줄 수가 없었다. 그래서 이메일로 정보를 교류하며 강의 중간의 쉬는 시간을 활용해 통화나 문자로 도움을 주기로 했다.

"네, 선생님. 이제 어떻게 해야 할지 알겠어요. 감사합니다."

다음날 강의를 하면서도 도훈이가 자기소개서를 잘 마무리하고 있는지 걱정이 되어 초조하기만 했다. 나는 짬이 날 때마다 아이에게 작성된 내용을 메일로 보내달라고 하여 추가하고 보충해야 할 내용들을 점검해주었다. 그리고 무엇보다도 지원의도를 진정성이 느껴지도록 표현할 것을 강조했다.

"진정성을 보여야 해. 알지? 의사는 갑자기 생겨난 꿈이 아닌, 오랜 세월 동안 네가 바라고 바랐던 꿈임을 진정성 있게 표현해야 해. 그동안 사회로부터 받았던 은혜를 의사가 되어 사람들을 치료하며 갚고 싶다고 했지? 네가 꼭 해야 하는 일인 만큼 반드시 합격할 거야. 쌤이 기도해 줄게."

"감사합니다. 선생님."

"참, 히포크라테스 선서도 꼭 읽어보고."

마지막까지 나는 온 마음을 다해 도훈이를 응원했다. 아이가 오랜 세월 동안 간절히 바라던 꿈이었기에 그것을 이룰 수 있도록 힘을 보태고 싶었다.

"어휴, 이제 막 올렸어요. 5분 남기고 계속 문장 정리가 안 돼서."

도훈이는 가까스로 마감 시간 안에 자기소개서를 입력했다. 007작전을 수행하는 듯 애간장이 타는 순간이었다.

몇 달 후 도훈이는 의대에 자기소개서가 통과되었다는 승전보를 전해 왔다. 비록 성적은 안정권이 아니었지만, 오랜 시간 간절히 바래왔던 꿈을 진정성 있게 담아냈던 것이 큰 힘을 발휘한 것이었다.

"도훈아, 선생님은 의사가운을 입은
네 모습이 기대되는구나.
사람들을 치료하며 사회로부터 받은
은혜를 갚겠다던 너의 초심이 지켜지기를
항상 응원할게."

하나	아이의 평상시 행동에서 강점을 발견하세요. 아이의 강점으로 훌륭한 대입 전략을 만들 수 있답니다.
둘	아이와 평소에 많은 이야기를 나누세요. 사소한 것부터 중요한 일까지 아이가 늘 엄마에게 마음을 터놓을 수 있도록 자주 이야기를 나눠주세요.
셋	아이가 얼마나 간절한지를 알아주고, 그 마음을 이끌어 내 주세요. 자기소개서와 면접에서 그 마음을 진정성 있게 전달할 수 있도록 도와주세요.
넷	마지막까지 아이의 마음을 읽어주세요. 마지막 순간까지 포기하지 않고 온 마음을 다할 수 있도록 함께해주세요. 끝날 때까지 끝난 게 아니랍니다.

'넌 안 된다'고 함부로 단정 짓지 마세요

저조한 성적으로
자신감을 잃고 우울증까지 온 아이

세계적인 브랜드 아디다스를 상대로 멋지게 도전장을 던지려는 청년이 있었다. 그는 자신의 사업계획을 친구나 가족들에게 말했지만, 모두가 입을 모아 "넌 할 수 없어! 그건 불가능해."라고 말했다. 하지만 청년은 "나는 할 수 있다!"며 자신과 함께 꿈을 펼칠 사업파트너를 찾기 위해 백방으로 뛰어다녔다.

그렇게 어렵사리 마음이 통하는 사람들을 모았지만 다들 행동으로 옮기기를 주저했다. 몇 발 내딛지도 못하고 망하는 것은 아닌가 걱정이 되었기 때문이었다. 그때 그들 중 누군가가 말했다.

"Just Do it!"

세계적인 브랜드 나이키가 탄생되는 순간이었다. 할 수 있다는 자신감과 그것을 즉시 실행으로 옮기는 용기 있는 도전이 불가능을 가능으로 만든 것이었다.

긍정 심리학의 창시자로 불리는 미국의 마틴 셀리그먼(Martin Seligman) 교수는 20년에 걸친 긴 시간 동안 10,000여 명을 대상으로 '인류 최대의 적은 무엇일까?'라는 질문으로 조사를 실시했다. 그런데 놀랍게도 가장 많은 대답을 얻은 것은 자연재해나 전쟁, 질병도 아닌 바로 나 자신, 즉 내 안의 나약함과 공포심이었다.

인간을 나약하게 만드는 말 중 하나가 "할 수 없다"이다. 우리는 "나는 할 수 없다"는 말로 스스로를 나약하게 만들고, "너는 할 수 없다"는 타인의 말로 인해 자신감은 급격히 떨어진다. 물론 여건과 능력에 대한 냉철한 판단으로 '할 수 없다'는 결론을 내리는 경우도 있겠지만, 대부분은 스스로 자신의 한계를 정하고 미리 포기하는 경우가 많다.

존 아사라프와 머레이 스미스가 쓴 「The answer」라는 책에 보면, 왜 우리가 '할 수 있어!'라는 긍정의 언어를 더 자주 외쳐야 하는지 그 이유가 잘 나와 있다. 그 책에 따르면, 우리는 17살이 될 때까지 '넌 할 수 없어!'라는 말을 평균 15만 번이나 듣는다고 한다. 그렇다면 '그래, 넌 할 수 있어!'라는 말은 얼마나 들을까? 안타깝게도 17년 동안 우리는 이 말을 5,000번 정도밖에 듣지 못한다고 한다.

'넌 할 수 없다, 불가능하다'와 같은 부정적인 언어는 내 안의 자신감을 몰아내고 나약함이 자리를 잡게 한다. 반면에 '나는 할 수 있다, 가능하

 울림이 있는 공부는 절대 배신하지 않는다

다'는 긍정적인 언어는 자신감을 상승시켜 없던 힘도 생겨나게 만든다. 이것이 우리가 아이들에게 '넌 할 수 있어!'를 더 힘차게 외쳐주어야 하는 가장 큰 이유이다.

몇 년 전 코칭을 받기 위해 나를 찾았던 고등학교 2학년 민정이는 어린이집 원장님이 되는 것이 꿈인 맑고 예쁜 아이였다. 그러나 민정이는 내신 7등급이라는 낮은 성적 때문에 대학을 진학하는 것이 쉽지 않은 상황이라 자신감이 많이 떨어져 있는 상태였다.

이렇게 자신감을 잃고 나약해진 아이에게 "할 수 있다!"는 응원을 통해 다시 자신감을 찾게 해주는 것이 내게 주어진 가장 큰 숙제였다.

나도 쌤이랑 친해지고 싶어요

"선생님, 저희 아이의 코칭을 시작하려고 하는데 언제쯤 보낼까요?"

짧은 휴가를 끝내고 집으로 올라오던 길에 전화벨이 울렸다. 며칠 전 중학교 3학년과 고등학교 2학년인 두 자녀의 부진한 성적 때문에 걱정을 하다 나를 찾아오셨던 어머니셨다. 코칭에 대한 정보가 부족해 아이들의 아버지까지 함께 오셔서 3시간에 걸친 상담을 받은 후 마음의 결정을 내렸었다.

대부분의 부모님들은 아이의 성적을 올리기 위해 나를 찾는다. 하지만 나는 여느 보습학원처럼 아이들의 성적을 끌어올리는 것에 대해 호언장담하지 않는다. 나는 공부를 가르치는 사람이 아니라, 아이들이 스스로 공부할 수 있도록 돕는 사람이기 때문이다.

"저는 공부를 가르치는 사람이 아닙니다. 저는 관찰을 통해 아이들의 잠재역량을 찾아 그것을 강점화하는 과정을 코칭하는 사람입니다. 그런 과정에서 아이들은 자존감을 회복하게 되고 도전을 통해 성취감을 갖게 됩니다. 그 결과 스스로 공부를 하고 싶다는 욕구가 생기게 되고 열심히 하게 되는 것이죠."

"여기 오면 아이들의 성적이 쑥쑥 오른다던데, 공부를 가르치지 않고 어떻게 그게 가능하죠?"

"아이들 안에는 무한한 능력이 잠재되어 있어요. 그걸 믿어주고 이끌어내면 아이들은 스스로 공부를 한답니다. 저는 아이들과 함께 밥을 먹고, 함께 울고 웃기도 하며 마음을 채워주는 것에 주력합니다. 아이의 마음을 채워주다 보면 성적은 저절로 올라가더라고요. 마음을 코칭하면 공부와 성적은 저절로 따라오는 덤입니다. 그럼에도 민정이는 고등학교 2학년이기 때문에 성적을 올리기가 그리 쉽지는 않을 것입니다. 그래도 괜찮겠습니까?"

"잘 알아들었습니다. 우리 애들 기나 꽉꽉 살려주십시오."

오랜 상담 끝에 민정이의 아버지는 나를 믿고 아이들을 맡기기로 결정하셨다.

인문계 고등학교에 다니던 민정이는 내신 7등급의 아이로 암기력과 이해력, 응용력이 모두 떨어지는 상태였다. 하지만 자신에게 주어진 것을 묵묵히 해내는 착실하고 끈기 있는 성격이었다. 예쁜 외모 덕분에 길거리 캐스팅이 되어 카메라 테스트까지 받았던 아이였지만, 어떤 이유에선지 얼굴이 어둡고 말도 별로 없었으며 목소리까지 작았다.

'왜 그럴까? 카메라 앞에 서서 테스트까지 받을 정도면 밝고 명랑한 성격일텐데, 왜 평상시는 그 모습이 안 보일까?'

내신 7등급으로는 지방에 있는 전문대조차도 진학하기 어려운 상황인데다, 고등학교 2학년이라 시간을 두고 아이를 관찰할 여유가 없었다. 다른 아이들보다 더 시급하게 잠재역량을 찾아야만 했다. 그런데 6개월을 관찰해도 성실함과 끈기를 빼곤 아이의 별다른 잠재역량을 찾을 수가 없었다.

민정이가 3학년이 되자 내 마음은 더욱 조급해졌다. 시간이 촉박했기에 나는 또 다른 카드를 쓸 수밖에 없었다. 민정이 어머니와 상의한 후 1:1 코칭을 3개월간 진행했다. 내 꿈은 뭘까, 내가 가장 기쁠 때는 언제인가와 같은 근원적인 질문과 함께 꿈을 향한 단계별 목표 정하기, 80살이 된 나의 모습 상상해보기 등을 통해 아이의 진로를 찾고 전반적인 라이프 코칭에 들어갔다.

민정이는 첫 코칭을 마친 후 피드백에 '나도 쌤이랑 친해지고 싶다.'라는 글을 남겼다. 코칭을 한지 10개월이나 지났음에도, 민정이는 아직 나와 친하지 않다고 생각하고 있었다. 다소 서운하기는 했지만 한편으론 아이를 또 다른 관점으로 관찰할 필요성이 느껴졌다.

'표현만 안 했을 뿐이지 마음속에 원하는 것이 분명 있구나!'

또 다른 가능성을 갖고 아이와 함께 코칭 속으로 빠져들었다. 나는 민정이가 내 마음을 느낄 수 있도록 더 열심히 반응해주고, 더 열심히 들어주고, 작은 것에도 늘 함께 웃어주었다.

나처럼 못난 애가 뭘 할 수 있겠어요?

민정이는 시간이 갈수록 눈망울이 반짝반짝 빛이 났다. 코칭시간이 기다려지고 오늘은 또 무엇을 얻어갈지 기대가 된다고 했다. 혼자 공부를 할 때는 볼 수 없던 모습이었다. 민정이는 내가 예상했던 것보다 훨씬 더 긍정적이고 적극적인 아이였다. 특히 웃는 모습이 상대방을 미소 짓게 하는 놀라운 잠재역량을 가지고 있었다.

코칭을 통해 발견한 잠재역량이 너무 감사했다. 이제는 이 잠재역량을 강점화하는 일만 남았다. 민정이의 대학 진학은 학교생활기록부 종합전형(입학사정관)으로 자신의 역량과 강점 그리고 꿈을 표현하는 과정으로 풀어내면 되었다. 자연과 상상력을 길러주는 '엄마정원 어린이집'을 운영하고 싶다는 꿈과, 그동안 활동한 자료를 자기소개서에 녹여내기 시작했다.

어렵게 대학에 제출한 자기소개서는 합격 통보를 받았고, 우리는 서로 얼싸 안고 기뻐했다. 모든 것이 순탄하게 흘러가던 그때 갑자기 예상치 못한 제동이 걸렸다. 2주 간을 열심히 준비하던 민정이가 갑자기 아무것도 하지 않는 것이었다. 면접을 준비해야 하는데 아이는 꼼짝도 하지 않았다. 말도 하지 않고 어두운 표정으로 그냥 서 있었다. 무슨 일인지 물어도 대답조차 하지 않았다.

"어머님, 혹시 민정이한테 무슨 일 있었어요? 면접을 준비해야 하는데 민정이가 아무것도 하지 않으려 하네요."

"아니요. 아무 일도 없었어요. 민정이 기분 생각하지 말고 그냥 강하게 밀어붙여 주세요."

   울림이 있는 공부는 절대 배신하지 않는다

어머니는 지금 애 기분 생각할 때가 아니라며 무조건 강하게 밀어붙여 달라고 했다. 그러나 나는 그럴 수가 없었다. 내가 세게 밀어붙이면 아이는 위험한 생각을 할 것 같아 보였다. 아이의 심리상태가 얇은 유리그릇처럼 위태로워 보여 나는 조심스럽게 접근할 수밖에 없었다.

"민정아, 너 도대체 왜 그러니? 자기소개서 합격하고 이제 면접이 일주일밖에 안 남았는데 ⋯."

마냥 기다릴 수만은 없어 나는 며칠 뒤 민정이를 사무실로 불렀다. 아이는 여전히 입을 꾹 다문 채 아무 말도 하지 않았다.

"네가 계속 말을 안 하면 어머니를 오시라고 할 수밖에 없어."

"네. 엄마 오시면 엄마 뜻대로 할게요."

그제야 입을 연 민정이는 어린아이처럼 불안해하며 엄마의 결정에 따르겠다고 했다. 할 수 없이 민정이 어머니에게 다시 전화를 하자, 어머니는 아이의 태도에 불같이 화를 내셨다.

"어머님, 민정이가 지금 어린아이처럼 어머님만 찾고 기다려요. 어머님 부탁드려요. 꼭 와주세요."

한 시간 뒤 어머니가 오시자 말 한 마디 하지 않던 민정이가 말문을 열기 시작했다. 그런데 어떤 이유에선지 아이는 어머니와 둘이서만 이야기를 하고 싶다고 했다. 하지만 어머니는 나와 함께 셋이서 이야기를 하자고 하셨다. 두 사람은 한 치의 양보도 없었고, 급기야 아이는 가방을 들고 사무실을 뛰쳐나가버렸다.

민정이 어머니는 아이의 어이없는 태도에 격분하셨고, 나는 어머니를 안정시킨 후 그 동안의 일을 조심스럽게 말씀드렸다. 민정이는 최근 급격하게 소심해지고 우울해진 상태이며, 그런 상태에서 어머니 말씀대로 몰아붙였다가는 자칫 나쁜 마음이라도 먹게 될까 염려스러워 조심스레 접근하고 있었노라고 했다. 그리고 민정이가 어머니를 얼마나 많이 의지하고 있는지도 말씀드리며, 어머님의 도움이 절실하다고 했다.

"사실 우리 민정이가 학교에서 대학 진학 문제로 마음 고생을 많이 하고 있어요. 제가 그것 때문에 얼마나 속이 상한지 모르겠어요."

어머니 역시 민정이처럼 위로가 필요한 상황이었다. 나는 민정이 어머니를 위로해 드리며 내가 학원에서 기다리고 있을 테니 우선 민정이부터 찾아서 따뜻하게 이야기를 들어주시라고 했다.

오전 11시에 학원을 뛰쳐나간 아이는 계속 연락이 없었다. 나는 물 한 모금 넘기지 못하고 혹시나 하는 마음에 애간장을 태우고 있었다. 오후 5시가 다 되어서야 어머니께 문자가 왔다. 아이를 찾아 얘기를 나누고, 지금 학원으로 온다는 내용이었다.

이젠 선생님을 믿어요

다시 돌아온 민정이는 여전히 어두운 얼굴을 하고 있었다. 우리 세 사람은 한참 늦은 점심을 먹으며 함께 이야기를 나누었다. 대학 진학 문제로 민정이는 학교 선생님에게서 "너는 할 수 없어, 불가능해!"라는 절망적인 이야기를 들은 모양이었다. 어렵게 힘을 내서 길을 찾던 아이는 돌부리에 걸려 넘어진 듯 우울함과 절망감에서 헤어나지 못하고 있었다. 자신이 너무 못

나고 한심해서 그동안 부모에게조차 그 속을 털어놓지 못한 채 혼자 끙끙 앓기만 한 것이었다.

"면접이 일주일밖에 남지 않았는데 다시 할 수 있겠니?"

"네."

아이의 마음을 충분히 알기에 나는 더 이상 묻지 않았다. 6시 30분부터 다시 시작된 면접연습은 자정이 되어서야 마무리를 했다. 그렇게 남은 일주일 동안 줄곧 면접 연습만 했지만, 민정이는 긴장한 탓인지 떨리는 목소리로 말까지 더듬었고 어휘 선택 또한 엉망이었다.

나는 어떻게든 다시 아이의 자신감을 회복시켜주고 싶었다. 코칭을 받을 때의 적극적인 모습과 새로운 것을 배우고자 할 때의 의욕에 찬 모습을 계속 상기시켰다. 그럼에도 면접 하루 전날까지 아이의 상태는 별다른 진전이 없었다.

"선생님, 잘 안 되서 하루 종일 걱정이었어요."

"그럴 줄 알고 부른 거야. 시간 없으니 얼른 시작하자."

코칭 수업이 없는 휴일이었지만 나는 걱정된 마음에 민정이를 학원으로 불렀다. 바쁜 일정 탓에 나는 하루 종일 아무것도 먹지 못한 빈속이었지만, 단 1초도 쉴 수 없다는 생각으로 면접 연습에 들어갔다. 면접이 하루 앞으로 다가와 더욱 긴장한 아이는 여전히 떨고 더듬고 잊어버리는 등 엉망인 상태였다. 그럴수록 나는 반복해서 훈련을 시켰다.

"민정아, 쌤한테 코칭 받았을 때의 너의 모습을 떠올려봐. 얼마나 자신감 넘치고 당당했었니? 그게 진짜 네 모습이야. 넌 할 수 있어!"

반복된 연습 끝에 마침내 아이의 절박한 마음과 나의 애타는 마음이 통하기 시작했다. 민정이의 얼굴엔 그 아이 특유의 예쁜 미소가 물들어 갔고, 점점 더 마음의 여유를 찾는 듯 질문에 차분하게 대답을 해갔다.

"그렇지, 그거야! 넌 사람에게 밝은 에너지를 주는 미소가 있어. 그것을 끄집어내면 돼."

"맞아. 그거야! 잊지 마라. 다시!"

"좋아! 또 다시! 방금 네 미소를 기억해. 사람들에게 힘을 주는 그 예쁜 미소를!"

나는 민정이를 위하는 내 마음을 아낌없이 보여주었다. '널 믿는다, 네가 정말 잘 되었으면 좋겠다, 그리고 너는 주변을 밝고 환하게 만드는 강점이 있기에 충분히 사람들에게 인정받을 수 있다'는 말을 해주었다. 내 마음이 전해졌는지 민정이는 반드시 잘해내고야 말겠다는 강한 의욕과 자신감으로 예전의 밝고 환한 모습을 되찾아갔다.

그렇게 새벽 1시가 넘어서야 우리의 면접 연습이 끝났다. 나는 아이를 집으로 보내며 미리 준비한 선물을 건네주었다. 그리고는 아이의 손을 꼭 잡아주면서 힘차게 긍정의 말들을 외쳐주었다.

"지금처럼만 해. 그러면 넌 합격이야. 꼭 기억해. 내일 시험장에 가기 전까지 쌤이 준 이 합격엿을 손에 꼭 쥐고 있어. 그리고 선생님 손바닥에 복이 많단다. 그러니 내 복 다 가져가. 쌤은 또 만들 수 있으니."

"네, 선생님 잘하고 올게요. 걱정 마세요."

학원을 나서는 아이의 뒷모습을 보며 못내 아쉬운 마음에 거듭 큰소리로 외쳤다.

"꼭 잊지 마. 오늘처럼만 하면 돼! 넌 할 수 있어!"

한 달 뒤 민정이는 애타게 기다리던 합격 소식을 전해주었다. 그것도 1등을 하여 장학금까지 받게 되었다고 했다. 오랫동안 애탔던 내 마음이 눈물이 되어 쏟아져 나왔다. 아이의 손을 움켜쥐고 세상의 모든 신들을 부르며 감사의 인사를 전했다.

민정이는 어머니와 상의 후 개인코칭을 더 받기로 했고, 나는 첫 개인코칭이 있던 날 이 아이에게 조심스럽게 물어보았다.

"민정아, 쌤이 궁금한 게 있는데 물어봐도 될까?"

"네."

"지난 번 면접연습을 할 때 왜 말을 안 했니? 쌤은 네가 나쁜 생각을 할까봐, 그래서 내일 널 못 볼까봐 걱정돼서 애만 태우고 다그치지도 못했어. 그때 왜 그랬니?"

조심스럽게 그때의 이야기를 꺼내는 나와는 달리 민정이는 씨익 웃으며 대답을 했다.

"사실 저 그때 선생님 못믿었어요. 저는 선생님 말씀대로 제가 전문대라도 갈 수 있을 줄 알았어요. 그런데 막상 학교에서 자료를 보니 전국에 제가 갈 수 있는 대학이 하나도 없는 거예요. 학교 담임선생님도 제가 대학에 갈 수 없는 성적이라고 그러셨고요."

아이는 깊은 절망감을 느꼈는데 내가 자꾸 '넌 할 수 있다, 대학에 갈 수 있다'고 하니 그냥 형식적으로 하는 거짓말인 줄 알았다는 것이었다.

“뭐야? 날 못믿었다고!”

“그, 그게. 죄송해요, 쌤. 헤헤.”

우리는 한바탕 웃었다. 모든 시름을 시간의 뒤편으로 보내버린 승자들의 시원스런 웃음이었다.

“저 사실은 그때 자신감이 급격하게 떨어져서 우울증까지 걸렸었어요. 나는 대학도 못가는 쓸모없는 인간이니 안 되면 그냥 ….”

민정이는 실제로 나쁜 마음까지 먹었었다고 고백을 했다. 아이를 보며 내가 느꼈던 불안감이 사실로 확인되자 아찔했다. 나는 어떻게 마음을 바꾸게 됐는지 조심스레 물었다.

“선생님이 제게 밝음을 주는 잠재능력이 있으니 그것을 저의 무대로 끌고 나오면 된다고 하셨잖아요. 그래서 용기를 내었어요. 고맙습니다.”

민정이는 실제 면접을 보면서 내가 한 말의 의미를 깨달았다고 했다.

“지금은 공부 잘하는 애들이 저한테 와서 면접 잘 보는 비결을 물어봐요. 제가 했던 그대로를 가르쳐주면 정말 그게 가능한지 되묻곤 해요.”

아이는 자신감과 성취감으로 어깨를 들썩거렸다.

“헐! 이제는 네가 가르치기까지 한단 말이지. 그러니 넌 평생 쌤한테 밥 사!”

자신감을 잃고 우울해하던 고통의 시간이 지나자 민정이는 다시 환한 미소를 되찾고 자신감 넘치는 아이로 되돌아갔다. 저토록 빛나는 아이에게 “너는 할 수 없어!”라는 잔인한 말로 자신감을 앗아가다니!

아이의 환한 미소를 보며 나는 “‘할 수 없어, 이건 불가능해.’라고 말하는 주변 사람들의 말을 믿으면 실패할 수밖에 없다."던 아마존 창업회장 제프 베조스의 말이 떠올랐다. 그의 말처럼 "우린 해낼 수 있다!"고 항상 말해야 한다.

민정이는 대학을 다니며 또 다른 도전과 성장을 위해 지금도 일주일에 한 번씩 코칭을 받으러 온다. 자신감 넘치는 민정이의 모습에서 나는 분명 아이가 자신이 원하는 멋진 삶을 살 것이라고 확신한다.

하나	코칭 정보, 대입 정보, 자기소개서 정보, 진로 정보 등 입시와 관련된 정보가 부족할 땐 아이와 부모가 함께 찾고 들으면서 방법을 찾아보세요. 아이가 미처 찾지 못한 길을 부모가 발견할 수도 있으며, 이러한 부모의 적극적인 도움에 아이는 더 힘을 얻는답니다.
둘	성실하지만 결과가 없을 땐 끊임없이 새로운 시도를 해보세요. 라이프나 진로와 관련된 1:1 코칭이라든지 캠프, 운동 등 단체활동을 통해 아이의 새로운 면을 찾아보면 강점이 보인답니다.
셋	생활에서의 태도, 외모, 미소, 말솜씨 등 외향적인 부분에서도 아이의 강점을 찾아보세요. 요즘처럼 다양한 재능을 인정해주는 세상에서는 성장의 씨앗이 될 수 있습니다.
넷	예민한 아이는 더 많은 관찰이 필요해요. 아주 작은 변화에도 관심을 가져 아이의 심리상태를 먼저 파악하고 헤아려주세요. 입시보다 더 중요한 것이 아이의 평온과 행복인 것을 잊어서는 안 됩니다.

내 안의
간절함을 모아
맘껏 해볼게요!

면접 준비 중
좌절감과 창피함에 도망간 아이

입시라는 큰 산을 넘기 위해서는 내 마음과 아이의 간절함이 넘쳐야 한다. 매년 여름이면 어디서 소문을 들었는지 아이들이 "살려주세요."라고 외치며 나를 찾아온다. 수시전형을 앞두고 자기소개서와 면접 등을 준비하기 위해서다. 물어물어 찾아오는 아이들은 그만큼 마음 속 간절함이 큰 아이들이다.

원하는 대학에 합격하기 위해서는 아이 스스로도 온전히 All-in해야 하는 힘든 과정이기 때문에, 나는 제 발로 나를 찾아오는 아이들만 코칭을 해준다. 게다가 아이들 인생의 전환점이 될 중요한 시기인 만큼, 나 역시 아이들에게 온 마음을 다해야 하기 때문에 아무나 받을 수가 없다. 그래서 반드시 합격하고야 말겠다는 간절한 마음으로 나를 찾아오는 아이들만 도와준다.

꿈과 목표를 이루기 위해서는 무엇보다도 '간절함'을 가져야 한다. 그런데 간절함은 또 다른 간절함과 만날 때 더 큰 힘을 발휘한다. 자신의 니즈(Needs)를 충족시켜줄 제품의 탄생을 바라는 소비자의 간절한 마음과, 반드시 그러한 제품을 개발하고야 말겠다는 개발자의 간절한 마음이 만나면 소위 말하는 대박상품이 탄생한다. 어디 그뿐인가! 배움에 대한 학생의 간절함과 가르침에 대한 선생의 간절함이 만나고, 치유에 대한 환자의 간절함과 의사의 간절함, 그리고 쾌유를 비는 가족의 간절함이 모이면 더 큰 힘이 발휘될 수 있다.

영화 「굿 윌 헌팅」을 보면, 주인공 윌 헌팅은 현실에 체념하면서도 그 현실에서 벗어나려는 간절함이 있다. 그러나 쉽게 벗어나지 못하고 냉소적인 태도를 취한다. 날고 긴다는 MIT 공대생들도 풀지 못하는 수학 문제를 뚝딱 풀어버리는 천재성을 지닌 윌은 학교 청소부나 공사장의 잡역부로 일하며 하루하루를 보내고 있었다. 그러다가 심리학 교수인 숀을 만나게 되면서, 윌은 내면의 상처를 극복할 수 있게 된다.

윌은 고아라는 자신의 처지에서 비롯된 불안과 냉소를 극복하고 싶었다. 그러나 매번 스스로 좌절하고 말았는데, 숀 교수는 윌의 내면에 숨어 있는 상처를 알아보고 진심으로 그를 대한다. 세상을 삐뚤게 바라보고, 상처와 아픔으로 닫힌 마음의 문을 열지 않는 윌에게 "이건 네 잘못이 아니야."라고 하면서 윌의 천재성보다 마음의 상처를 어루만져준다. 심리학 교수

로서 월의 천재성에 대한 기대보다 멍든 마음의 상처가 치유되기를 바라는
마음이 더욱 간절하다.

나 혼자 간절해서는 원하는 것을 얻기가 쉽지 않다. 월의 천재성을 숀
교수보다 먼저 알아본 MIT 공대의 램보 교수의 손길을 월이 뿌리친 것만
봐도 알 수 있다. 램보 교수의 제안은 누가 봐도 매력적이다. 그는 월의 천
재성을 살리겠다는 욕심으로 공부를 시키려 하고 좋은 직장에 면접을 주선
하려 했다. 그러나 월은 시큰둥했다. 그가 간절히 원하는 것은 성공이나 부
자가 아닌 자신의 상처를 떨쳐내는 것이었다. 월은 자신의 절실한 바람을
들여다보고, 자신만큼이나 그 상처를 떨쳐내도록 도와주는 숀 교수의 손길
을 부여잡았다. 그리고 마침내 자신의 바람을 이루어낸다.

자기소개서를 준비하기 위해 나를 찾아온 고등학교 3학년 유라도 대학
합격에 대한 마음이 간절한 아이였다. 하지만 막상 면접을 준비하면서는
그 간절함이 느껴지지가 않았다. 면접을 이틀 남겨 둔 긴박한 상황에서 나
는 내 안의 간절함과 아이의 간절함이 만날 수 있도록 온 마음을 다했고, 그
결과 우리는 합격이라는 성취물을 얻어냈다.

면접은 너무 힘들어요

유라는 내신이 그리 좋은 편은 아니었지만 수시전형에서 자기소개서로 이
미 3개의 대학에 지원을 해둔 상태였다. 그러나 학교에서는 유라의 성적이
'In 서울'을 하기에는 턱없이 부족하니 면접 준비를 하지 말고, 그냥 수능

준비를 하라고 했다. 그래서 유라는 학교에서 밤늦게까지 야간자율학습을 하고 있었고, 주말에는 논술을 준비하고 있었기 때문에 도저히 면접을 준비할 시간이 없었다.

"선생님, 저 S여대 심리학과에 자기소개서가 통과됐어요!"

S여대는 유라가 가장 가고 싶어 하던 학교였다. 하지만 성적으로는 가기 어려운 수준의 대학이라 큰 기대를 하지 않고 있었다. 예상 외의 소식에 우리는 뛸듯이 기뻐했다.

"그나저나 면접이 3일 밖에 남지 않았어. 이제부터 정신 바짝 차려야 돼!"

면접이 3일 밖에 남아 있지 않았기에 우리는 마음을 가다듬고 곧장 면접 준비에 들어갔다.

면접 준비 첫째 날, 유라는 예상보다 훨씬 더 엉망이었다. 자세도 목소리도 엉망인데다 제 마음을 표현하는 법도 서툴기 짝이 없었다. 암담한 마음에 한숨이 절로 나왔다. 어떻게 해야 3일 안에 면접 준비를 완벽하게 할 수 있을까? 한 시도 쉬지 않는 시계 바늘의 긴박한 움직임에 나는 점점 눈앞이 캄캄해져 왔다.

그렇게 귀한 하루가 덧없이 지나가버리자 나는 고민 끝에 특단의 조치를 취했다. 제자 중에 인상이 우락부락하고 목소리에 카리스마가 넘치는 아이가 있었는데, 그 아이에게 도움을 요청한 것이었다.

"쌤, 제가 무엇을 도와주면 되는데요?"

"유라의 자존심이 상하도록 직설적인 면접 질문을 해 줘."

"네? 그럼 그 아이가 울텐데요."

"그래, 울려야 돼. 면접이 이틀 뒤라 지금 시간이 너무 없어. 그런데 유라
는 간절함이 부족해. 자신의 마음을 보려고 하지 않아. 방법은 하나뿐이야."

나는 아이를 밑바닥까지 끌어내려 간절함의 깊이를 스스로 확인하도록
도와주어야 했다. 유라가 그 간절함의 힘으로 바닥을 치고 다시 올라온다
면 합격도 기대할 수 있었다.

"넌 아무 걱정 말고 무섭게만 해줘. 눈물 펑펑 쏟을 정도로 아주 무섭게."

나름의 전략이 있었기에 나는 제자에게 내 뜻대로 해주기를 부탁했다.
신뢰가 두터운 데다 나의 의중을 제일 잘 아는 제자였기에 선뜻 그러겠노
라고 했다.

드디어 면접 연습이 시작되었다. 면접관 선배의 무표정한 얼굴만으로
도 아이는 얼음 상태가 됐다. 무겁게 내려깔린 목소리로 예리한 질문들이
쏟아져 나왔다. 유라는 제 나름의 대답을 했지만 트집을 잡기로 결심한 면
접관 선배가 순순히 넘어갈 리 없었다.

"학생은 심리학과에 지원하면서 이런 것도 모르나요? 심리학과에 지원
한 것 맞습니까? 왜 지원했습니까?"

아이를 다그치며 쉴 새 없이 질문을 퍼부었던 탓에 유라는 점점 얼굴이
붉어지며 급기야 눈물이 글썽글썽했다. 이제까지 어디서 이렇게 다그침을
받아보았겠는가! 더군다나 면접과 관련 없는 아이들도 모두 교실에 있었기
에 더욱 창피하고 힘든 듯했다.

안타까운 마음이 컸지만 나는 교실 맨 뒤쪽의 의자에 앉아 묵묵히 지켜
보기만 했다. 유라는 도저히 참을 수 없었던지 그만 울음을 터트렸다.

'아! 유라야, 미안하다. 그러나 이 방법 밖에 없어. 제발 견뎌 줘.'

아이의 울음에 나는 조용히 마음을 졸이며 기도를 했다. 가까스로 면접을 이어가던 유라는 잠시 쉬는 시간이 되자 곧장 화장실로 달려갔다. 그리고는 소리 내어 엉엉 울었다.

"유라가 왜 안 오지?"

30분이 지나고, 한 시간이 지나도 유라는 교실로 돌아오지 않았다. 걱정이 된 아이들은 모두 흩어져서 유라를 찾기 시작했다. 나는 혹시 집으로 간 것은 아닌가 해서 유라 어머니께 전화를 드렸다. 짐작대로 유라는 집에 가 있었다.

"어머님, 유라에게 제가 오늘 좀 심하게 했어요. 면접이 하루 밖에 안 남은 상태인데 간절함이 나오질 않아서요."

나는 자초지종을 설명하며 어머니의 이해를 구했다. 다행히 유라 어머니께서는 내 뜻을 이해해주시고 믿어주셨다.

"유라가 지금 마음이 많이 힘들 거예요, 어머님께서 바람을 쏘여 주면서 용기를 좀 주세요. 그리고 내일 꼭 학원에 보내주세요."

내가 세운 전략의 진짜 포인트는 다음 날 있을 반전 드라마였기에 어머니께 유라를 학원에 꼭 보내 달라 거듭 부탁드렸다.

면접 준비 마지막 날, 유라 어머니는 아이와 함께 바닷가에 가서 실컷 울고 실컷 이야기를 하고 오셨다고 전해 주셨다. 그리고는 나를 믿는다고 하시며 아이의 합격을 간절하게 염원하셨다.

 　울림이 있는 공부는 절대 배신하지 않는다

마음껏 하고 올게요!

유라 어머니의 응원에 힘을 얻은 나는 차근차근 마지막 계획을 실행해갔다. 유라의 합격을 바라는 마음에 준비한 찹쌀떡과 합격엿을 빨간 선물상자에 담았다. 그리고 전날 모의 면접장에 함께 있었던 아이들에게 유라의 합격 기원 메시지를 적어 달라 부탁하여 상자에 함께 넣었다. 아이들은 자신의 마음을 모아 한 글자 한 글자 정성스레 적어주었다.

"애들아, 정말 정말 고마워! 너희들 마음이 유라를 합격시킬거야. 선생님이 내년엔 너희들에게 신세 갚을게. 너희들이 원하는 대학에 꼭 합격할 수 있도록 선생님이 더 열심히 해줄게."

서프라이즈 이벤트였기에 아이들에게 "유라에겐 비밀이야."라는 말도 덧붙였다.

드디어 유라가 학원에 왔다. 어깨가 축 처져서 들어오는 모습이 안쓰러워 따뜻이 안아주고 싶었지만 참았다. 우리는 별다른 내색 없이 전날처럼 모의 면접장에 모여 조용히 유라를 기다리고 있었다. 그리고 유라가 모의 면접장에 들어옴과 동시에 우리의 서프라이즈 파티가 시작되었다.

"유라야, 합격 축하해!"

"언니, 합격 축하해요!"

촛불이 켜지고 박수와 환호성이 울려 퍼졌다. 유라는 깜짝 놀란 표정으로 무슨 일인가 하며 우리를 쳐다보았다.

"우리 모두 네가 S여대에 합격하길 간절하게 바라고 있어. 우리의 마음을 받아줄래?"

나는 아이들의 간절한 마음이 담긴 빨간 상자를 유라에게 건네주었다. 유라는 우리의 마음을 읽으면서 어제보다 더 큰 소리로 울었다.

"선생님, 어떻게 이런 것을…."

"우리들 마음이야. 선생님 마음이고."

"정말 감사해요. 이 아이들은 저를 잘 모르는데도 저를 위해 이렇게 까지 해주다니! 너무 감사해요. 저 꼭 합격할거예요."

서운한 마음에도 용기를 내 다시 면접 연습을 하러 와준 것이 너무나 대견하고 고마웠다. 나는 유라가 제 안의 간절함을 이끌어낼 수 있기를 바라며 아이를 꼭 안아주었다.

"유라야, 널 잘 알지도 못하는 친구나 동생들조차 이렇게 너의 합격을 바라고 있어. 그 마음을 꼭 기억해 줘."

모두의 간절함을 모아 우리는 다시 마지막 면접 준비를 시작했다.

"네 마음을 들여다 봐. 얼마나 간절한지를 생각해야 해. 네가 얼마나 가고 싶었던 대학인지를!"

유라는 모의 면접이 거듭될수록 완전히 다른 아이가 되어갔다. 질문에 대한 답변이나 태도에서 간절함이 더욱 더 묻어나왔다.

"와! 어제 그 여학생 맞아? 정말 대단하다. 어떻게 저렇게 바뀌지?"

"그러게. 난 그 애가 아닌 줄 알았어."

뒤쪽에서 함께 면접 준비를 하던 남학생들이 감탄을 쏟아냈다.

마침내 모든 준비가 끝나자 나는 유라의 두 손을 꼭 잡아주며 축복의 말과 함께 좋은 기운을 불어넣어줬다.

"유라야, 맘껏 하고 와. 기죽지 말고 지금처럼만 하면 돼. 면접 마치고 나올 때, '나 정말 후회 없이 마음껏 했어!'라는 마음이 들면 돼. 그럼 합격이야. 명심해. 오늘처럼 마음껏!"

"네, 선생님. 오늘처럼 마음껏 하고 올게요. 감사합니다!"

드디어 결전의 날이 왔다. 나는 하루 종일 휴대폰을 만지작거리며 기도를 했다. 유라가 어제처럼만 제 안의 간절함을 쏟아내 주기를 바랐다. 면접을 마치고 유라에게서 연락이 왔다.

"선생님, 면접 끝났어요. 그런데 저 논술로 문제를 풀어야 했는데 한 문제를 못 풀었어요."

너무 긴장한 나머지 뒷장에 있는 문제를 보질 못했다는 것이었다. 우리의 노력이 물거품이 되는 게 아닌지 해서 가슴이 철렁 내려앉았다.

"면접은 어땠어?"

"면접하러 들어갔더니 면접관 선생님이 문제가 몇 개냐고 물으시더라고요. 한 문제라고 했더니 뒷장 문제 있다고 못 봤냐구 하셔서 죄송하다고 한 문제인 줄 알았다고 했어요."

"그랬더니 뭐라고 하셔?"

"그냥 웃으시더라고요. 순간 엄청 당황했는데 선생님이 해주신 말씀이 생각났어요?"

아이는 위기의 순간에 내가 저에게 해줬던 "오늘처럼 마음껏 하고 오라."던 말이 떠올랐다고 했다.

"그래서 준비할 때처럼 마음껏 했어요. 아이들의 마음도 생각하면서. 그랬더니 면접관 선생님들이 웃으셨어요."

"기특하다! 어떻게 그 상황에서 그 말을 생각해 냈어?"

"다 선생님 덕분이죠. 저를 울리고 또 울리셨잖아요. 헤헤."

아이는 결과와 상관없이 제 마음껏 면접을 하고 왔으니 속이 후련하다고 했다.

"그럼 됐어. 잘했다. 애썼어."

논술 문제 한 문제를 놓친 탓에 아쉽게도 합격에 대한 기대는 접었다. 그래도 아이가 제 안의 간절함을 모두 토해냈기에 나는 격려와 칭찬을 아끼지 않았다.

그렇게 며칠이 지난 후 아침 일찍 전화벨이 울렸다. 유라 어머니셨다.

"선생님, 정말 감사해요. 우리 유라 합격했어요. 합격인 거 확인하고 선생님께 제일 먼저 전화 드리는 거예요. 정말 감사해요."

"정말요? 어머님 정말 축하드려요. 시간이 촉박하니 어쩔 수 없이 마음으로 표현하는 법 밖에 없었어요. 제가 너무 강하게 해서 유라가 엄청 고생했는데, 합격이라니 너무 대견하고 고맙네요."

통화를 마친 나는 서둘러 유라에게 축하의 문자를 보냈다. 교감선생님께 합격 문자를 받고도 아이는 믿지 못하고 있다가 내 문자에 합격을 확인하곤 환호성을 질렀다. 합격을 기대할 수 없었던 상황이라 기쁨은 더욱 컸다.

유라의 합격 소식은 면접을 준비하던 다른 아이들에게도 희망의 불빛이 되어주었다. 성적은 조금 모자라더라도 간절한 마음을 담아 준비를 하면 결국 뜻을 이룰 수 있다는 희망으로 아이들은 열심히 면접 준비를 했다.

그리고 기적처럼 아이들이 줄줄이 합격 소식을 전해왔다.

"선생님, 저도 합격했어요!"

"저도요."

대부분의 아이들이 서울에 있는 대학에 진학하기 어려운 성적임에도 간절한 마음을 표현함으로써 합격을 할 수 있었다. 한 아이의 합격을 위해 주변에서 모두 간절함을 보태주고, 그 간절함이 모여 합격이라는 쾌거를 거둬내자, 그것이 곧 희망이 되어 다른 아이들도 합격을 이뤄냈다.

모두의 간절함이 모여 만들어낸 진정한 시너지 효과였다.

"유라야,
목표나 꿈을 성공시키는 것은
결국 네 안의 간절함이란다.
그 간절함이 너의 땀을 이끌어내고
네 마음의 용기를 키워줄 거야."

하나	간절한 마음을 끌어내어 주세요. 간절히 바라는 것이 있지만 아이 스스로 그 마음을 온전히 끌어내는 것이 쉬운 일은 아니랍니다. 다양한 자극으로 아이가 내면의 외침을 들을 수 있도록 도와주세요.
둘	주변 사람들의 도움을 적극 활용하세요. 하나보다 둘, 둘보다 여럿이 힘을 합치면 시너지 효과가 발휘되어 더 나은 결과를 얻을 수 있답니다.
셋	다급할수록 마음을 공략하세요. 태도와 행동을 바꾸는 것은 결국엔 마음입니다.
넷	느끼게 해주고, 그 느낌을 기억하게 해주세요. 자신을 아끼고 염려하는 엄마의 간절한 마음, 그리고 제 안에서 간절히 바라는 것이 무엇인지를 느끼게 해주세요.

마음의 대화를 위한
10가지 키워드

➤ 키워드 1 | 불일치를 일치로 바꿔라

아이는 밥을 먹고 잠을 자는 시간 말고는 의자에서 엉덩이를 떼지 않았는데, 성적이 기대만큼 오르지 않았다고 울먹거린다. 왜 그럴까? 공부하는 시간과 학습의 질이 불일치하기 때문이다. 아이는 공부의 양을 중요하게 생각하지만, 학교에서는 공부의 질을 따진다. 이런 불일치를 해소하는 방법을 찾아야 하는데, 엉뚱하게도 잠자는 시간을 더 줄이고, 게임 금지, TV 시청 금지 등 오로지 공부하는 시간만 더 늘리려고 한다.

하루 10시간이 넘게 공부를 해도 질의 측정이라는 기준과 일치시키지 못하면 시간만 낭비하는 셈이다. 시간의 양보다 내용의 깊이나 집중력을 높이는 방법 등 질의 향상을 꾀해 불일치를 일치로 바꿔주어야 한다. 아이는 스스로의 불일치를 모르고 있기 때문에, 코칭을 하는 사람이 불일치를 알려

   울림이 있는 공부는 절대 배신하지 않는다

주고 일치할 수 있는 방법을 꾸준히 제시하여 주는 것이 우선이다.

아이 스스로가 왜 불일치였는지를 깨닫게 하고, 새로운 일치의 습관을 가지도록 교정하고, 교정에 따른 결과를 만들어내는 것이 중요하다. 그래야 그동안의 불일치에 따른 잘못된 과정을 이해할 수 있기 때문이다.

🡒 키워드 2 | 즐겨야 포기하지 않는다

사람들은 대체로 즐기는 재미에 빠졌을 때는 지루하거나 힘든지를 모른다. 특히 성공한 사람들은 이런 '즐김'을 아주 중요하게 생각한다. 그래서 "즐겨라, 좋아하는 것이든 잘하는 것이든 즐기면서 하라."고 조언한다.

그럼 과연 즐기는 방법은 무엇일까? 바로 몰입이다. 그럼 몰입은 어떻게 할 수 있을까? 타고난 천성으로 몰입에 능한 사람도 있지만, 이는 극소수에 불과하다. 다행히 몰입은 노력으로도 가능하다. 또 성과를 냈던 경험과 성취감으로 몰입의 재생산도 이루어진다. 공부하는 학생들도 마찬가지이다.

나는 아이들에게 우선 시간을 정해주고 버티게 했다. 그리고 본인이 외울 수 있는 양만큼 외우도록 도전을 부추겼다. 예를 들어 영어 문장 3줄 외우기처럼 자신이 할 수 있는 것만큼만 도전하라고 하였다. 그리고 난 뒤에는 내가 아이들에게 외울 양을 정해준다. 3줄을 외웠으니 이번에는 1장을 외워보자고 말이다. 그럼 아이들은 못한다고 아우성을 친다. 하지만 가능하다. 그리고 마지막으로 자신이 외운 내용을 말로 표현할 수 있도록 시킨다. 이쯤 되면 아이들은 황당하다는 표정을 짓는다. 그러나 정작 해보면 스스로도 놀란다. 자신이 예상한 것보다 훨씬 더 많은 양을 외워서 말을 하니까.

성취감의 경험은 이처럼 학생들 스스로 자신감을 가지게 하고, 즐기는 재미를 느끼게 한다. 그래서 더 많은 양을, 더 짧은 시간에 해내는 성과를 창출한다. 이런 노력이 반복되면서 몰입의 경험과 노하우를 만들어내게 되는 것이다.

 | 탄성을 키워야 외부의 위기에 강해진다

'Resilience', 탄성을 가진 사람은 마치 고무공처럼 외부의 충격에 쉽게 무너지지 않는다. 모든 사람이 성공의 가도를 달리는 것은 아니다. 때로는 실패의 샛길로 빠지기도 하고, 좌절의 바리케이드를 만나 주저앉을 때도 있다. 수많은 시행착오라는 징검다리를 건너야만 성공의 관문에 도달할 수 있다. 실패를 피할 수 있다는 유혹이나 포기의 손길을 뿌리치지 못하는 바람에 더 큰 실패를 맛보기도 한다.

실패는 성공의 단짝이다. 실패를 피하려고만 할 게 아니라 대처할 수 있는 능력을 키워야 한다. 학생들은 외부의 유혹이나 위기에 취약하다. 아직까지 꿋꿋하게 홀로 설 수 있는 능력을 키우지 못했기 때문에 어쩌면 당연한 것이다. 지겨운 공부보다 함께 놀자는 연락, 모니터에서 눈에 떼지 못하고 두세 시간을 훌쩍 보낼 수 있는 PC방의 유혹은 늘 꿈을 향해 가는 길에서 벗어나 샛길로 빠지게 한다. 이런 유혹은 어김없이 위기로 이어진다.

유혹과 위기를 이겨내려면 내면의 욕구를 자극시켜 주는 것이 필요하다. 그리고 내면의 욕구를 자극시키려면, 미래를 상상하거나 시사를 통해 현실적인 문제를 떠올리게 하여 주는 것이 좋다. 당장의 유혹보다 현실적인 문제를 어떻게 극복할지, 무슨 준비를 해야 할지를 선택하는 것에 집중하게 하는 것이다. 이러한 선택과 우선순위를 따지다 보면, 왜 지금 공부를 해야 하는지를 서서히 알게 된다.

➤ 키워드 4 | 더디다고 조급해하지 마라

제자리걸음을 걷듯 천천히 뚜벅뚜벅 걸어도 목적지까지 갈 수가 있다. 어린 아이는 태어난지 1년만 지나면 걸어 다닌다. 혼자서 밥을 먹을 수도 있다. 그런데 간혹 걸음마를 떼는 게 더딘 아이들도 있다. 초보 엄마는 걸음마가 더딘 아이를 보면서 불안감을 느끼기도 한다. 하지만 다소 늦어질 뿐, 아이들은 두세 살이 되면서 걷고 뛰며 혼자서 밥도 먹는다.

너무 빨리 글자를 읽고 공부를 시작한다고 해서 마냥 좋은 것은 아니다. 초등학교 때 전교 1등을 했다고 중·고등학교에서도 1등을 한다는 보장도 없고, 서울대에 무조건 들어간다고 할 수도 없다. 그렇다면 이 아이의 학습능력이 갈수록 떨어진 것일까? 아이의 학습능력이 퇴화됐다기보다 부모의 섣부른 욕심 탓일 가능성이 더 크다. 괜히 뛰어난 친구들과 비교하면서 아이의 역량이나 기대치보다 더 크게 목표를 설정하고 "빨리빨리!"만 외쳤는지도 모른다.

아이의 역량에 맞춰 목표치를 설정하여 주는 것이 중요하다. 당장의 시험 성적에 연연해하지 말고, 1년 후 또는 3년 후를 바라보며 목표를 세워야 한다. 그리고 다른 사람의 속도에 연연해하지 말고 아이가 제 페이스를 유지하며 한 단계씩 올라가는 경험을 할 수 있도록 해주어야 한다. 이때 체크리스트는 여러 모로 도움이 된다. 계획과 목표에 대한 점검뿐만 아니라 아이 스스로가 조금씩 나아진다는 것을 눈으로 확인할 수 있기 때문이다. 이런 경험을 하나씩 쌓게 되면, 그 경험의 힘으로 또 다른 도전을 하게 된다. 그래서 나만의 단기, 중기, 장기 목표 설정이 필요한 것이다.

🍃 키워드 5 | **때로는 울어야 후련하다**

화병이 생기는 이유는 울분을 밖으로 쏟아내지 못했기 때문이다. 또는 어떤 문제나 어려움에 맞닥뜨렸을 때, 자꾸만 피하려고만 하여 심리적으로 위축되고 답답함이 가시지 않았기 때문이다. 그래서 닥친 위기나 문제에 과감히 부딪힐 줄 알아야 한다. 스스로의 감정에 솔직해야 문제의 실체를 볼 수가 있다.

사람들은 자랑하고 싶은 게 있으면 주저 없이 표현한다. 그러나 아픔은 좀처럼 드러내지 않으려고 한다. 자칫 나의 허점을 드러냈다가 무시를 당할까봐, 바보 취급을 받을까봐 꽁꽁 숨기는 경우가 많다. 그러다가 어느 순간 참지 못하고 폭발을 한다. 꾹꾹 눌렀던 것이 폭발하면 그 혼란스러운 감정은 걷잡을 수 없는 분노로 번지고 만다.

우리 사회는 자신의 감정을 솔직하게 표현하는 것에 인색하고 어색하게 여기는 경향이 짙다. 그렇지만 자신의 감정이 더 헝클어지기 전에 조금씩이라도 분출하는 것이 좋다. 때로는 솔직하게 내 감정이 속삭이는 소리에 귀를 기울일 줄도 알아야 한다. 화가 나는지, 슬픈지, 외로운지, 울고 싶은지,

힘든지를 들어보고 왜 그런 감정이 생겼는지를 스스로 들여다보아야 한다. 그리고 그 감정의 선을 따라 생각하고, 하고 싶은 대로 해보자.

코칭을 하다보면 나를 찾아와 펑펑 우는 아이들을 만나곤 한다. 그럴 때 나는 그 이유를 묻기보다는 일단 아이가 맘껏 제 안의 눈물을 쏟아내도록 기다려준다. 힘들어서, 억울해서, 잘 안 되서, 분해서 등등 그 이유는 다양하겠지만 일단 실컷 울고 나면 마음의 무게가 절반 정도는 줄어든다. 쏟아낸 눈물만큼이나 마음이 가벼워지는 것이다.

➤ 키워드 6 | **나의 눈높이를 찾아라**

'뱁새가 황새를 따라가면 다리가 찢어진다'는 말이 있다. 성공한 사람들의 이야기를 듣는다고 해서 무조건 동기부여가 되는 것은 아니다. 때로는 상대적 박탈감이나 좌절감, 혹은 전혀 공감이 되지 않는 경우도 있다. 그 이유는 내 인생의 기준을 내가 아닌 다른 사람에게 두었기 때문이다.

모든 아이들의 기준이 전교 1등이거나 서울대일 필요는 없다. 그런데 서울대에 수석으로 합격한 사람의 이야기를 들려주며 아이를 압박하면, 성적이 안 따라주어 좌절감을 느끼거나, 애초에 공부가 아닌 다른 꿈을 가지고 있었다면 공감이 되지 않을 수도 있다. 각자의 재능을 강점으로 발휘해서 사는 것이 진정한 행복이므로, 자신의 눈높이에 맞는 목표를 설정하는 것이 바람직하다.

아무리 맛있는 음식을 준비해도 정작 배가 고프지 않으면 거들떠보지도 않는다. 그러나 배가 너무 고플 때는 라면 한 그릇도 진수성찬이 부럽지 않은 훌륭한 음식이 된다. 공부도 마찬가지이다. 학생들에게 공부가 이후 50년 동안의 삶을 결정한다고 거듭 조언을 해도 제대로 받아들이는 경우는 거의 없다. 답답한 마음에 빨리 성장할 수 있도록 돕겠다며, 아직 준비가 안 된 학생을 강하게 밀어붙이다가 낭패를 보는 경우도 종종 있다.

왜 공부를 해야 하는지, 공부가 아니라도 자신의 꿈을 위해 무엇을 준비해야 하는지를 깨달을 때까지 기다려 주어야 한다. 스스로 간절함을 가질 때, 바로 그때가 코칭의 타이밍이다. 그래서 간절함의 타이밍은 기다림이라는 뜻을 담고 있다.

간절함을 가지게 하기 위해서는, 먼저 미래의 자신을 떠올려보게 하여야 한다. 80세가 되었을 때 어떻게 살고 싶은지, 그 모습을 그려보라는 것이다. 그리고 70세, 60세, 50세 등을 거쳐 현재의 모습까지 그리게 한다. 차츰 현재와 미래의 모습에서 나타나는 간극을 깨닫게 되면, 그 간극을 메우려는 필요성을 느끼게 된다.

간극을 메우기 위한 현실 파악은 자신이 상상했던 미래를 꿈꾸며 목표를 가지게 해준다. 그리고 목표를 하나씩 세우고 달성하는 과정에서 작은 성공의 기쁨을 느끼면서 자신감이 점점 커진다. 이 과정에서 작은 성공의 패턴을 모아 성공 습관을 가지게 되고, 도중에 포기하지 않도록 자극을 주면 간절함이 더욱 커지게 된다.

이때 부모나 코치는 그 간절함의 타이밍을 놓치지 않도록 꾸준히 관찰하며, 자신이 하고 싶은 일이 무엇인지 자각하도록 도와주는 것이 중요하다. 삶의 주체는 부모나 코치가 아닌 자신임을 각인시켜 주는 것이다.

🖋 키워드 8 | 공감의 위력

공감능력은 소통과 이해의 기초이다. 갈등은 공감의 부족으로 인해 발생하고, 갈등의 증폭은 공감능력이 떨어질수록 커진다.

아이들과의 소통은 공감이 우선되어야 한다. 어렸을 때는 그저 건강하고 튼튼하게 자라기만 바라며 응원과 지지를 아끼지 않는다. 그런데 중학생이 되고 고등학생이 되자, 공감하는 과정은 뒷전이 되고 성적이라는 당장의 결과만을 요구한다. 아무리 대화를 많이 해도 공감이 되지 않으면 잔소리로 밖에 들리지 않게 된다. 아이들은 부모의 폭풍 잔소리에 외로움만 느낄 뿐이다.

외롭고 힘든 아이들의 마음을 살피고 함께 걸어가는 공감의 동반자가 필요하다. 아이들의 마음을 살피고 어루만지며, 필요한 것을 챙겨주고, 옆길로 새면 슬며시 팔을 잡아주는 공감의 동반자 말이다.

🖋 키워드 9 | 내 마음을 움직여라

마음이 앞서야 행동이 나온다. 또 자신을 알아주는 마음을 만날 때 열정적으로 호응할 수 있다. 요즘 아이들은 지나치게 무력하다는 말을 한다. 실제로 아이들은 꿈이나 도전보다 체념과 순응의 모습을 보인다. 마치 히키코

모리처럼 방에만 있으면서 스마트폰을 만지작거리는 아이들에게서 열정을 찾기란 쉽지가 않다.

아이들에게 열정을 가지게 하고 움직이게 하려면, 무엇보다 마음의 울림을 불러일으켜 주어야 한다. 마음의 울림은 우선 신뢰로부터 가능하다. "난 언제나 너의 편이야."라는 무한 신뢰로 아이가 움직일 수 있도록 하는 것이다. 아인슈타인이나 처칠은 어릴 때 자칫 낙오자의 낙인이 찍힐 뻔했었다. 그러나 그들의 곁에는 무한한 신뢰를 보내준 엄마가 있었다. 상대의 진짜 마음을 알아주면, 신뢰가 생긴다. 그 신뢰가 어려움을 극복할 수 있는 심리적인 지지대가 되어, 혼자라는 외로움도 떨쳐내고 자신의 꿈을 향해 나아가도록 해준다.

➤ 키워드 10 | 무엇을 볼 것인가?

물이 절반 정도 담긴 컵을 보고 어떻게 해석할 것인가? 절반이나 남았다고 볼지, 아니면 절반 밖에 남지 않았다고 볼지는 사람에 따라 다르다. '절반이나'라고 하는 사람은 긍정성이 강하고, '절반 밖에'라고 하는 사람은 다소 비관적이라고 한다. 그런데 이런 긍정과 비관 말고 또 다른 생각의 전환으로 컵을 바라보는 건 어떨까? 왜 다 비우지 않고 물이 남아있는지, 물맛이 어떤지, 이 물을 어떻게 이용할지 등과 같은 생각의 가지치기를 해보는 것이다.

학생들이 공부를 하는 모습을 보면서도 성공과 실패라는 잣대로만 바라보지 말고, 다른 시각으로 살펴볼 필요가 있다. 공부를 잘하는 아이가 가르치는 것도 잘한다고 생각하는 것은 오산이다. 오히려 공부를 잘못하는 아이가 자신이 아는 것을 다른 아이에게 더 쉽게 이해할 수 있도록 가르치는 경우도 많다. 당장의 성적으로 성공과 실패를 단정짓는다면, 공부 못하는 아이의 가르치는 능력을 모르고 지나칠 수가 있다. 그러므로 겉으로 드러난 것만 보고 판단하지 말고, 아이가 가진 숨은 능력을 보려는 노력을 해야 한다.